"Deine Kirche ist ja wohl das Letzte!"

Fakten – Argumente – Standpunkte

Ulrich Filler

"Deine Kirche ist ja wohl das Letzte!"

FAKTEN - ARGUMENTE - STANDPUNKTE

fe

medien-verlag, Kisslegg 1999

Filler, Ulrich:
"Deine Kirche ist ja wohl das Letzte!"
Fakten - Argumente - Standpunkte
3. Überarbeitete Auflage (9. - 13. Tausend)
ISBN 3-928929-20-8

Friedrich-Wirth-Str. 4
D-88353 Kisslegg
Druck: Verlag Pustet, Regensburg

(Erstausgabe: Gerhard Hess-Verlag, Ulm, ISBN: 3-87336-239-2)

DIE WAHRHEIT HAT NICHTS ZU TUN MIT DER ZAHL DER LEUTE, DIE VON IHR ÜBERZEUGT SIND.

Paul Claudel

Der Erzbischof von Köln

GELEITWORT

zur 3. Auflage des Buches von Ulrich Filler
"Deine Kirche ist ja wohl das Letzte!"
Fakten - Argumente - Standpunkte

"Seid stets bereit, jedem Rede und Antwort zu stehen, der nach der Hoffnung fragt, die euch erfüllt" (1 Petr 3,15). Mit diesen Worten mahnt der heilige Petrus die Christen, Zeugnis für den Herrn abzulegen. Das wirksamste Zeugnis ist zunächst das des Lebens. Je mehr es mit den Weisungen des Evangeliums identisch ist, desto überzeugender wirkt es in der Welt.

Doch dazu ist es nötig, dass wir um das Evangelium und um die Lehre der Kirche wissen. In einer Zeit, in der die Zahl der Christen abnimmt und zu einer Minderheit wird, ist es um so wichtiger, sich ein solides Glaubenswissen anzueignen. Nur so werden wir einerseits selbst gegenüber so manchen verbreiteten Irrungen Stand halten können und andererseits im Stande sein, unseren Zeitgenossen "Rede und Antwort zu stehen".

Die vorliegende 3. Auflage der Broschüre von Ulrich Filler vermittelt in knapper Form Glaubenswissen, besonders in den Bereichen, in denen wir häufig angefragt werden. Sie ist zum eigenen Studieren ebenso geeignet wie für Glaubensgespräche und damit eine echte Hilfe, "Rede und Antwort" stehen zu können. Daher wünsche ich der Schrift eine gute Verbreitung.

Köln, den 29. Januar 1999

Inhalt

III. Glaubensfragen

IV. Frauenfragen

V. Maria

VI. Die Kirche auf Erden

Vorwort

Kennst du die Situation? Man sitzt mit einigen Freunden und Bekannten gemütlich zusammen, das Gespräch plätschert dahin. Plötzlich fällt das Stichwort "katholische Kirche". Sofort wirst du – als Katholik enttarnt – von allen Seiten unter Beschuß genommen: "Deine Kirche ist ja wohl das Letzte!" – "Wie war das denn mit den Kreuzzügen?" – "Und überhaupt, diese altmodische Sexualmoral!" – "Wer glaubt, ist doch hoffnungslos unkritisch!" – "Als ob der Papst unfehlbar sein kann!"
Du bist in einer zwiespältigen Situation. Auf der einen Seite möchtest du schon die Kirche und deinen Glauben verteidigen, auf der anderen Seite kennst du dich aber in verschiedenen Fragen auch nicht so gut aus oder hast bei einigen Themen selbst deine Zweifel.
Um in solchen Gesprächen nicht hoffnungslos verloren zu sein, muß man wenigstens über ein Minimum an Sachwissen über ein bestimmtes Thema verfügen. So kann man zum Beispiel nichts über die Unfehlbarkeit des Papstes sagen, wenn man nicht weiß, was damit eigentlich gemeint ist. Solche Diskussionen bieten sich allerdings auch nicht dazu an, ellenlange Vorträge zu halten. Man benötigt einige schlagkräftige Argumente (die einem meistens erst hinterher einfallen).

In diesem Buch sind eine Reihe der häufigsten Kritikpunkte und Vorwürfe, die immer wieder gegen die katholische Kirche angeführt werden, gesammelt und beantwortet. So sollen auf konkrete Fragen konkrete Antworten gegeben werden, die leicht in der Gesprächspraxis umzusetzen sind. Es liegt auf der Hand, daß sich in einigen wenigen Argumenten nicht alle angesprochenen Themen erschöpfend behandeln lassen. So bleibt es die Aufgabe des interessierten Lesers, sich über diesen ersten, kurzen und manchmal etwas provokativen Angang hinaus mit den verschiedenen Themen zu beschäftigen und sie zu vertiefen. Eine Hilfe dazu bietet das Literaturverzeichnis am Ende des Buches.

Wir Katholiken haben keinen Grund, uns unseres Glaubens und unserer Kirche zu schämen. Das soll nicht heißen, daß die Geschichte der Kirche ein einziges Ruhmesblatt wäre. Die Kirche auf Erden besteht aus Menschen. Und Menschen sündigen, machen Fehler. Sogar Päpste. Aber auch wir. Es geht nicht darum, dies abzustreiten. Es geht nicht darum, gerechtfertigte und konstruktive Kritik abzulehnen und sich einer realistischen Sicht der Wirklichkeit der Kirche in Geschichte und Gegenwart zu verschließen. Aber es geht darum, ungerechten, unsachgemäßen, falschen und diffamierenden Vorwürfen zu begegnen. Dieses Buch soll dabei helfen.

I. Historische Fragen

1. Einleitung

Viele der Vorwürfe, die der Kirche heute gemacht werden, beziehen sich auf die Kirchengeschichte. Sie zu beantworten ist nicht immer einfach, denn oft geht es den Kritikern nicht zuerst darum, Dinge wie die Kreuzzüge und die Inquisition zu verstehen und objektiv zu beurteilen. Sie benutzen historische Ereignisse, um sie der heutigen Kirche vorzuwerfen. Sie kochen uralte und teilweise längst widerlegte Vorurteile auf, um deutlich zu machen: Wenn die Kirche damals für dies oder jenes verantwortlich war, dann soll sie heute schön ruhig sein, denn sie hat sich das Recht verwirkt, mitreden zu können.

Deshalb muß man bei allen historischen Fragen den wichtigen Grundsatz beachten, daß man vergangene Epochen immer auch an ihren eigenen Maßstäben messen muß. Es ist verführerisch, unser Denken und unsere Maßstäbe auf vergangene Zeiten anzulegen. Aber so wird man der Geschichte nicht gerecht. Die erste Frage muß immer lauten: Wie haben die Menschen damals gelebt, wie sah ihr Welt- und Gottesbild aus, was waren ihre Maßstäbe? Erst wenn man diesen Schritt getan hat, wenn man versucht hat, sich so gut wie möglich in die Rolle der Menschen, über die man urteilt, zu versetzen, erst dann wird man zu einem fairen Urteil gelangen.

Ernst W. Wies beschreibt diese Haltung folgendermaßen:

"Denn der Historiker will verstehen und nicht verurteilend moralisieren aus den scheinbar so unerschütterlichen Bastionen des eigenen Zeitgeistes heraus."[1] (Vgl. hierzu auch die Ausführungen zum Thema I/8 'Inquisition').

Wenn man diesen Grundsatz berücksichtigt, kann man auf bestimmte sachliche Fehler, die in den verschiedenen Vorwürfen stecken, zu sprechen kommen.

2. Die Urkirche

"Die heutige Kirche hat mit der Urkirche nichts mehr gemein!"

In diesem Kritikpunkt wird die Zeit der frühen Kirche nostalgisch verklärt. Damals sei alles in Ordnung gewesen – erklärt man: Die Kirche sei unheimlich geschwisterlich gewesen. Dinge wie die Hierarchie und das Amt, sakramentale Riten und liturgische Formen oder starre Dogmen habe es noch nicht gegeben. Das sei alles erst viel später gekommen und habe die ursprünglich herrschende grenzenlose Spiritualität, die demokratischen Gemeindestrukturen und die spontanen und flexiblen Gottesdienstformen verdrängt. Die Forderung lautet: Man muß wieder zu dieser ursprünglichen Situation zurückkehren!

Solch einer Argumentation liegt nicht nur ein naives und verzerrtes Geschichtsbild zugrunde, das eine Zeitperiode völlig unkritisch verherrlicht. Man kann aus den vorliegenden Quellen auch klar erkennen, daß sämtliche Elemente, die das Wesen der Kirche ausmachen und die im Laufe der Jahrhunderte ausgefaltet wurden, bereits in der frühen Kirche vorhanden sind.
Außerdem stimmt unser Bild von der Urkirche natürlich meistens nicht mit der tatsächlichen Urkirche überein: Wer weiß schon, daß die ersten Christen

zum Beispiel eine sehr strenge Bußpraxis hatten und daß sich alle, die sich taufen lassen wollten, einem zwei- bis dreijährigen Katechumenat, einem Taufunterricht unterziehen mußten?

Es ist Unsinn, von einer „heilen Welt" zu sprechen. Auch damals gab es Sünde und Versagen der Kirche, wie den Betrug des Hananias (Apg 5) oder die Spaltungen in der Gemeinde von Korinth (1 Kor 1, 10-17).

Der Glaube war keineswegs nur ein einfaches religiöses Gefühl, das erst später durch heidnische (griechische) Philosophie und mittelalterliche Theologie in starre Dogmen verwandelt wurde. Von Anfang an wurden die Glaubensinhalte in wörtlichen Bekenntnissen zusammengefaßt und klar gegen die Irrlehren abgegrenzt (z.B. 2 Joh).

◆ Auch die Annahme, ursprünglich spontane und flexible liturgische Formen seien erst durch die Übernahme von Elementen des kaiserlichen Hofzeremoniells im 4. Jahrhundert zu strengen Riten erstarrt, ist falsch. Christus selbst hat am strengen religiösen Leben der Juden teilgenommen; Paulus korrigierte Mißstände beim Gottesdienst der Korinther (1 Kor 11, 17-34), und aus den Schriften der Kirchenväter (zum Beispiel Justin, Mitte des Zweiten Jahrhunderts) wissen wir, daß es eine sehr starke rituelle Ausprägung gab.

◆ Die These einer unhierarchischen Kirche, in der es kein Amt, sondern demokratische Strukturen gab, läßt sich aus keiner Quelle belegen. Schon im Neuen Testament ist die hierarchische Struktur der Kirche sichtbar, wie man an der Person des Petrus erkennen kann: Er – und nicht alle Apostel – ist der Fels, auf den Christus seine Kirche baut (Mt 16, 18), und ihm werden die Schlüssel des Himmelreiches übergeben (Mt 16, 19).

◆ Die Forderung, man solle zu der angeblich idealen Situation der Urkirche zurückkehren, ist aber nicht nur deshalb unsinnig, weil sie auf einem falschen und verzerrten Geschichtsbild basiert. Nach dieser These wäre ja eine legitime Weiterentwicklung überhaupt nicht möglich. Die Ausfaltung des Glaubens und dessen Weitergabe durch die Jahrhunderte unter der Führung des Heiligen Geistes wird schlicht geleugnet.

◆ Die Unhaltbarkeit dieser Argumentation kann man aber auch an einem Beispiel aus dem profanen Bereich verdeutlichen: Wer nähme jemanden ernst, der fordert: "Die Demokratie hat sich in den letzten 50 Jahren in der Bundesrepublik Deutschland völlig von ihrem Ursprung entfernt. Laßt uns alle Gesetze und Entwicklungen wieder rückgängig machen, wir fangen noch mal von vorne an – mit der Währungsreform"?

3. Das finstere Mittelalter

"Im finsteren Mittelalter hat die Kirche viel Schuld auf sich geladen!"

Der Begriff "finsteres Mittelalter" ist heute zu einer stehenden Redewendung geworden. Keiner weiß zwar genau, was er eigentlich genau beinhaltet, aber die Assoziationen, die sich mit ihm verbinden, sind negativ und unangenehm.
Es handelt sich hier in gewisser Weise um die negative Formulierung der Behauptung: "Früher war doch alles besser". Man muß sicher nicht "früher" gelebt haben, um zu erkennen, daß ein solcher Ausspruch falsch ist.

In der Diskussion empfiehlt es sich, die Frage zu stellen: "Wann war denn eigentlich das Mittelalter?" Meistens bekommt man eine Antwort wie diese: "Ja, ach, so zwischen 1300 und 1700!" Und dann kann man darauf hinweisen, daß der Begriff "Mittelalter" den Zeitraum zwischen Spätantike und Renaissance bezeichnet (also etwa 500-1500). Manche datieren den Beginn des Mittelalters auf das Jahr 529, denn da fielen zwei Ereignisse zusammen: Die von dem griechischen Philosophen Platon 387 v. Chr. gegründete Akademie wurde geschlossen, und das berühmte Kloster Montecassino wurde gegründet.

◆ Der Begriff "Mittelalter" ist also eine Definition

der Historiker. Es handelt sich nicht um einen abgeschlossenen Zeitraum. Deshalb sind auch allgemeine Aussagen wie: "Im Mittelalter wurden Hexen verbrannt!" falsch. Sie müssen präzisiert werden. So fanden zum Beispiel die Hexenverfolgungen nur in einem bestimmten Zeitraum statt (16. bis 18. Jahrhundert), der über den als "Mittelalter" definierten Zeitraum hinausreicht.

◆ Das Mittelalter war nicht nur eine Zeit des Krieges. Im Gegenteil – es gab sehr viele große friedliche Zeiträume. Viele große Gestalten des Mittelalters förderten und forderten den Frieden, wie zum Beispiel Franz von Assisi.

◆ Nicht nur das wirtschaftliche Leben nahm einen großen Aufschwung (so entstand das System der Geldwirtschaft im Mittelalter). Viele berühmte Klöster und Stifte – Zentren der Kunst und des Kunsthandwerks – (zum Beispiel in Tours, Fulda oder Lorsch) wurden zu kulturellen Mittelpunkten, die Ausgangspunkt einer ausgedehnten Erziehungsarbeit waren. Aber auch der geplante Garten- und Ackerbau, die Rodung von Wäldern und die Gründungen von Märkten und Manufakturen gehen auf die Impulse vieler Orden (wie der Zisterzienser) zurück.

◆ Auch das Bild eines dogmatischen, von der Inquisition beherrschten, unfreien Zeitraums ist falsch. Die theologische Diskussion war in vollem Gange, und es wurden zum Teil sehr widersprüchliche Thesen vertreten. Außerdem gab es die päpstliche Inquisition als kirchliches Gericht erst in der zweiten

Hälfte des Mittelalters (etwa 1200).

◆ Die Menschen waren nicht nur durch naiven Glauben und Aberglauben geprägt. Die großen Theologen und Philosophen schufen die Voraussetzungen des Denkens und Argumentierens, von denen die Philosophie bis heute ausgeht. Architekten und Künstler dieser Zeit schufen viele kirchliche Bauten und berühmte Kathedralen, die uns vom hohen Niveau der Baukunst mit all ihren mathematischen und technischen Voraussetzungen Aufschluß geben.

◆ Die Gesellschaft des Mittelalters war nicht geschlossen, intolerant und fremdenfeindlich. Gerade im Mittelalter waren die Grenzen offen für Menschen und Güter, im Mittelalter gab es die großen philosophischen Auseinandersetzungen zwischen Abendland, Antike und Orient.

4. Die "Päpstin Johanna"

"Es gab doch da diese Päpstin Johanna!"

Die phantastische Legende von der "Päpstin Johanna" tauchte bereits im 13. Jahrhundert auf und wurde bis zum 16. Jahrhundert von vielen geglaubt. Nach dieser Legende kam ein Mädchen aus Mainz, das – als Mann verkleidet – in Athen studiert hatte, nach Rom. Dort genoß sie wegen ihrer großen Klugheit und Gelehrsamkeit hohes Ansehen und wurde nach dem Tod von Papst Leo IV. im Jahr 885 als Johannes Angelicus zum Papst gewählt. Sie hätte – ohne entdeckt worden zu sein – mehr als zwei Jahre regiert. Um 857 sei sie bei einer Prozession zum Lateran plötzlich mit einem Kind niedergekommen, bei der Geburt gestorben und an Ort und Stelle begraben worden.
Andere Berichte datieren die angebliche Wirkungszeit der "Päpstin Johanna" auf das 11. Jahrhundert; auch sind die Namen in den diversen Versionen verschieden.
Einige Gelehrte bestritten schon früh diese Legende, andere benutzten sie als Argument gegen Papst und Kirche.

◆ Die Unhaltbarkeit dieser Legende ist wissenschaftlich längst erwiesen: Papst Benedikt III. (855-867) folgte sofort auf Leo IV. (847-855), auch ist in der übrigen Kirchengeschichte die Papstreihe so geschlossen, daß es keinen Raum für eine "Päpstin Johanna" gibt. Auch die zeitgenössischen Quellen geben keine Hinweise darauf, daß eine "Päpstin Johanna" tatsächlich existiert hätte.

◆ Es handelt sich vermutlich um eine Fabel aus dem Mittelalter, für deren Entstehung verschiedene Erklärungen herangezogen werden, so zum Beispiel eine alte, mißdeutete Inschrift und eine Statue mit Kind, die sich in einer engen Straße in Rom befanden. Die päpstliche Prozession zum Lateran mied diese Straße (weil sie eben eng war). Daher bezog man Inschrift und Statue auf die "Päpstin Johanna".

◆ Eine andere Erklärung sieht diese Legende in dem Frauenregiment der Theodora und ihrer Töchter in Rom zur Zeit des sogenannten "saeculum obscurum", des "dunklen Jahrhunderts", einer Zeit großen moralischen und sittlichen Verfalls. Theodora gehörte zu einem der römischen Adelsgeschlechter, die im 10. Jahrhundert in Rom um die Oberherrschaft kämpften. Extreme sittliche Verrohung und brutale Machtkämpfe kennzeichnen diese Epoche, in der das Papsttum völlig in der Hand der sich bekämpfenden Adelsgeschlechter war.

5. Die Kreuzzüge

"Die Kirche hat doch die grausamen Kreuzzüge angezettelt!"

Als Kreuzzüge bezeichnet man die allgemein aus religiösen Motiven unternommenen Züge gegen die Feinde des Glaubens. Hier sind besonders die Unternehmungen im 11. bis 13. Jahrhundert gemeint, die das Heilige Land aus den Händen der Ungläubigen, die dort seit dem 7. Jahrhundert herrschten, befreien wollten. Die Zählweise der Kreuzzüge ist verschieden, im allgemeinen zählt man sechs große Kreuzzüge (1.: 1069-99; 2.: 1147-49; 3.: 1189-92; 4.: 1202-04; 5.: 1228-29; 6.: 1248-54).

Die Kreuzzüge werden immer wieder als Beleg für eine imperialistische, herrschsüchtige und machtbesessene Kirche angeführt, die ohne Skrupel auch Waffengewalt für die Erreichung ihrer Ziele einsetzte.

◆ Die Kirche hat die Kreuzzüge nicht "angezettelt". Papst Urban II., der 1095 auf dem Konzil von Clermont zum ersten Kreuzzug aufrief, sprach nicht von Angriff und blutiger Eroberung, sondern von der Freiheit der Kirche und der Befreiung der morgenländischen Christen, die seit dem 10. Jahrhundert von den muslimischen Herrschern unterdrückt wurden.

◆ Die Entstehung der Kreuzzüge hängt mit den gravierenden ökonomischen, politischen, sozialen und geistigen Veränderungen des Abendlandes im Hochmittelalter zusammen. Die Kreuzzüge waren ein einzigartiges Phänomen, das die gesamte Gesellschaft des Abendlandes betraf – also nicht nur die Kirche, sondern auch die verschiedenen Länder, Fürsten und Stände.

◆ Für die Kreuzfahrer war der Kreuzzug zunächst eine entschieden religiöse Angelegenheit, sie verstanden sich in der Nachfolge Christi: Indem sie alles zurückließen und viele Gefahren und Strapazen auf sich nahmen, um das Heilige Land zu befreien, nahmen sie am Leiden Christi teil und erfüllten seinen Willen.

◆ Natürlich ist es richtig, daß es hier ein Nebeneinander von Frömmigkeit und (beiderseitiger!) Gewalt und Krieg gab, das uns heute unverständlich ist und uns befremdlich erscheint. Dazu kommt, daß die Kreuzzüge von vielen auch für durchaus eigennützige und ganz und gar nicht fromme Geschäfte benutzt wurden.

◆ Man darf aber auch die positiven Auswirkungen der Kreuzzüge nicht vergessen. Gewerbe und Handel nahmen einen Aufschwung, Kunst und Wissenschaft bekamen neue Anregungen, das gesamte Geistesleben erhielt einen Auftrieb, und die Kenntnis fremder Kulturen und Religionen vergrößerte sich – man kann sagen, daß die Zeit der Kreuzzüge für die kulturelle Entwicklung des Abendlandes von entscheidender Bedeutung gewesen ist.

◆ Kritik an den Kreuzzügen gab es schon seit dem

12./13. Jahrhundert. Auch und gerade innerhalb der Kirche waren es Männer wie Franz von Assisi, die der (richtigen) Überzeugung waren, daß man Menschen durch Belehrung und Vorbild, nicht aber durch Zwang und Krieg bekehren sollte.

Diese Einstellung teilen wir heute sicherlich. Wenn wir aber die Zeit der Kreuzzüge fair beurteilen wollen, so ist es mit dem "Die Kirche war schuld!" nicht getan. Erst dann, wenn wir uns die Situation der Menschen in der Kirche und Gesellschaft des Abendlandes im Hochmittelalter verdeutlichen und ihre Motivation objektiv untersuchen, werden wir zu einem differenzierten Urteil gelangen. Einseitige und interessensorientierte Pauschalverurteilungen werden einem gesamtgesellschaftlichen und welthistorisch einzigartigen Phänomen wie den Kreuzzügen nicht gerecht.

6. Die Hexenverfolgungen

"Die Kirche ist schuld an den Hexenverfolgungen!"

Hexen sind im Volksglauben solche (weibliche wie männliche) Personen, die einen Pakt mit dem Teufel eingehen können, um anderen Schaden an Leben, Gesundheit, Ehe und Eigentum zuzufügen. Alle Völker und Kulturen kennen den Hexenglauben, man findet ihn im alten Ägypten genauso wie bei den Griechen und Römern. Aber auch heute feiert der Hexenglaube in vielen okkultistischen Kreisen wieder fröhliche Urstände! (Soviel zu unserer "aufgeklärten" Zeit...).

Heute wird der Kirche oft vorgeworfen, sie trage die Verantwortung für die Verfolgung und Verurteilung von mehreren Millionen "Hexen" (die genannten Zahlen schwanken zwischen 6 und 9 Millionen). Als im Dritten Reich eine extra zu diesem Zweck eingerichtete Forschungsstelle 154 Archive und Bibliotheken auf Material über Hexen und deren Prozesse hin untersuchte, um es bei der angestrebten Zerstörung der Kirche als "Beweismaterial" vorlegen zu können, wurden aber deutlich niedrigere Zahlen ermittelt: Für Deutschland liegt die Zahl deutlich unter 100.000, für ganz Europa eher bei 500.000 als bei einer Millionen.

Als Hexenprozesse bezeichnet man eine seit dem 16. Jahrhundert ausgeprägte Form der strafrechtlichen

Verfolgung von der Hexerei angeklagten Personen. Da die Hexerei einen Pakt mit dem Teufel voraussetzte, galt sie als schwere Sünde und Glaubensabfall.

Die Entstehung der Hexenverfolgungen

◆ Seit dem 14. Jahrhundert erreichte der Hexenglaube in vielen europäischen Ländern eine enorme Ausbreitung; seit der Mitte des 16. Jahrhunderts wurde eine große Zahl von abergläubischen Schriften, Hexen- und Teufelsbüchern usw... unter das Volk gebracht.
Die damalige protestantische Lehre, nach der der Teufel alle Gewalt über jede Kreatur habe, führte zur Entstehung einer eigenen Literatur, den sogenannten "Hexenpredigten". Daher breitete sich der Hexenwahn und die Verfolgung der Hexen zunächst in den deutschen protestantischen Gebieten aus und griff dann später auch auf die katholischen Gebiete über, die eine enge Beziehung zum Protestantismus hatten (zum Beispiel Trier, Bamberg, Würzburg, Münster oder Paderborn).
◆ Unter den Katholiken ging die Forderung zum Einschreiten gegen die Hexen meist vom Volk aus, das die Hexen zum Beispiel für wirtschaftliche Mißstände verantwortlich machte. Bei den Protestanten waren es Juristen (wie der Strafrechtswissenschaftler Benedikt von Carpzov), Naturwissenschaftler (wie der Mathematiker und Astronom Johannes Kepler) und Prediger (wie Spizelius), die die Hexenprozesse

aus dogmatischen Gründen (nämlich wegen der Beziehung der Hexen zum Teufel) forderten.

◆ Die formelle Ausgestaltung der Hexenprozesse kam mit der Einführung der peinlichen Halsgerichtsordnung Karls V. 1532, in der zum Beispiel die Verfolgung auf Verdacht oder die Folter festgeschrieben wurden. Diese Anordnungen wurden also von der weltlichen Rechtsprechung und nicht von der katholischen Kirche getroffen.

Die Ausbreitung der Hexenprozesse

◆ Oft wird behauptet, die Einführung der Inquisition sei schuld an der Ausbreitung der Hexenprozesse. In den Ländern, in denen die Inquisition herrschte (Italien, Spanien, Portugal), waren die Hexenprozesse aber eher die Ausnahme. In Rom ist nie eine Hexe verbrannt worden. Seit dem 15. Jahrhundert waren vorwiegend die weltlichen und nicht die kirchlichen Gerichte für die Hexenprozesse zuständig.

◆ Auch die Bulle *"Summis desiderantes affectibus"* von Papst Innozenz VIII. (1484) wird für die Ausbreitung der Hexenprozesse verantwortlich gemacht. Hier handelt es sich aber um eine gerichtliche Maßregel aufgrund eines juristischen Streits in Deutschland. Von Folter oder Feuertod ist nirgends die Rede.

◆ Die Deutschen Heinrich Krämer und Jakob Sprenger haben zu dieser Bulle einen Kommentar verfaßt, den *"Malleus maleficarum"* (Hexenhammer). Die

Behauptung, dieses Buch habe zu Hexenverfolgungen in großem Stil geführt, ist ebenfalls falsch. Es handelt sich um eine praktische Anleitung für die Inquisitoren und war in der lateinischen Sprache verfaßt, so daß sie nur Gelehrten zugänglich war. Der Inhalt dieses Buches ist zwar abscheulich, aber man muß bedenken, daß es sich nicht um ein amtliches Dokument der Kirche handelt.

Die Gegner der Hexenprozesse

◆ Die ersten Kämpfer gegen die Hexenverfolgungen waren Katholiken, der berühmteste unter ihnen ist sicherlich der Jesuit Friedrich von Spee, dessen Buch "Cautio criminalis" von 1631 wohl das wirkungsvollste Werk gegen den Mißbrauch der Justiz in den Hexenprozessen gewesen ist. Das bescheinigen jedenfalls nicht zuletzt (protestantische) Gelehrte wie Leibniz.
Solche Anstrengungen – und nicht etwa die Aufklärung – waren maßgeblich dafür verantwortlich, daß das Ende der Hexenprozesse eingeläutet wurde.
◆ Obwohl verschiedene Protestanten (wie Carpzov) diese Bemühungen um das Ende der Hexenverfolgungen bekämpften, erhoben sich seit Ende des 16. Jahrhunderts immer mehr Stimmen gegen die Hexenverfolgungen.
◆ Bis in das 18. Jahrhundert hinein wurden die Hexenverfolgungen dann immer stärker bekämpft. Die letzte vermeintliche Hexe, die in Europa hingerichtet wurde, war ein siebzehnjähriges Mädchen,

das 1783 in dem protestantischen schweizerischen Kanton Glarus den Tod fand.

7. Der Fall "Galileo Galilei"

"Die Kirche unterdrückte die Freiheit der Wissenschaft – wie schon der Fall Galileo Galilei gezeigt hat!"

Der Fall Galileo Galilei ist allen bekannt. An ihm wird immer wieder deutlich gemacht, daß die intolerante, dogmatische und inquisitorische Kirche angeblich die Freiheit der Wissenschaft unterdrückt und eingeschränkt habe, wo sie nur konnte. Um ihre Macht zu sichern, habe sie Wissenschaftler wie Galilei, die nicht am altmodischen, katholischen Weltbild festhalten wollten, gefoltert und eingesperrt.
So oder ähnlich wird der Fall Galileo Galilei als typisches Beispiel für das Verhältnis von Kirche und Wissenschaft oft dargestellt. Doch wenn man einige historische Fakten berücksichtigt, gewinnt man ein anderes Bild.

◆ Zunächst muß man den Stand der Wissenschaft im 17. Jahrhundert beachten: Vorherrschend war das heidnische, ptolemäische Weltbild der Antike, das von Wissenschaftlern wie Tycho Brahe vertreten wurde. Die Erde wurde als Mittelpunkt des Universums gesehen. Von einigen Astronomen wie Kopernikus oder Galilei wurde das heliozentrische System vertreten, in dem die Erde um die Sonne kreist. Für dieses (wie wir heute wissen richtige)

Modell gab es aber noch keine schlüssigen Beweise. Seine Anhänger mußten es also so lange als Hypothese vertreten, bis man den Beweis für die Tatsächlichkeit des Systems erbringen konnte.
Galilei konnte folgende Argumente für das heliozentrische System vorweisen: 1. die Planetenbahnen, die Ellipsen bilden, 2. die Sonnenflecken, die eine Drehung der Sonne um sich selbst anzeigen und 3. die Gezeiten des Meeres.
Der endgültige Beweis konnte erst erbracht werden, als Newton 1648 die Gravitationsgesetze entdeckte. Erst durch die Kombination von Geometrie und Physik konnte der endgültige Beweis für das heliozentrische System erbracht werden.

◆ Nun schien es aber so, als ob das heliozentrische System einigen Aussagen der Bibel widerspräche. Das konnte aber nicht sein, denn die Schöpfung als Werk Gottes und die Bibel als Wort Gottes können sich nicht widersprechen. Galilei löste dieses Problem, indem er die entsprechenden Stellen in der Bibel nicht wörtlich, sondern symbolisch interpretierte.

◆ Die Kirche sah jetzt die Autorität der Hl. Schrift gefährdet, zumal gerade zu dieser Zeit die Protestanten der Kirche vorwarfen, sie sei vom Wort Gottes abgefallen. Um diesen Vorwurf zu entkräften, bemühte man sich, möglichst nahe am Text der Bibel zu bleiben.

◆ Zum Fall Galilei wurden zwei Urteile gesprochen: 1616 wurde das heliozentrische System als der Schrift widersprechend verurteilt, und 1633 wurde

Galileis Buch "Dialogus" verurteilt. Allerdings handelt es sich hierbei nicht um eine rein wissenschaftliche Abhandlung, sondern um ein literarisches, "populärwissenschaftliches" und ziemlich polemisches Werk, in dem Galilei in gewisser Weise seine eigene Meinung hinter der der fiktiven Personen verstecken konnte.

Das Urteil von 1616 bedeutet jedoch nicht, daß die Kirche das eine System als falsch und das andere als wahr bezeichnet hätte, es ging vielmehr davon aus, daß das heliozentrische System in einem Widerspruch zur Schrift stand. Das bedeutete: In dem Moment, als der Widerspruch aufgelöst werden konnte, war auch die Grundlage des Urteils nicht mehr vorhanden.

Außerdem machte Galilei den Fehler, seine Hypothese nicht als solche kenntlich zu machen, das heißt er handelte wissenschaftlich unredlich.

◆ Die Kirche war also auf dem Gebiet der Naturwissenschaft im Recht – weil sie ja lediglich forderte, eine Hypothese müsse so lange eine bleiben, bis sie bewiesen werden konnte. Galilei war auf dem Gebiet der Bibelinterpretation im Recht – verschiedene Stellen der Bibel, in denen zum Beispiel von der Bewegung der Sonne die Rede ist, dürfen nicht als ein naturwissenschaftliches Dokument interpretiert werden (vgl. auch III/2 'Glaube und Naturwissenschaft').

◆ Immer wieder wird auch behauptet, nach dem "Fall Galilei" sei die Forschung zum Erliegen gekommen – das Gegenteil ist der Fall! Galilei selbst forschte auch nach der Verurteilung eifrig weiter und entdeckte die Schwankungen des Mondes; überall in Italien (auch in Rom) wurde die Stichhaltigkeit des heliozentrischen Systems heiß diskutiert. Im Italien des 17. Jahrhunderts blühte die naturwissenschaftliche Forschung förmlich auf. Die Trennung von Glaube und Naturwissenschaft ist eine Folge der Aufklärung und nicht der Galilei-Urteile.

◆ Es existieren auch eine Reihe von Legenden um den Galilei-Prozeß. Daß Galilei in Kerkerhaft gewesen sei, stimmt nicht. Während der Prozesse in Rom weilte er mit seinem Diener in Privaträumen, im Palast eines Freundes oder in seiner eigenen Villa. Auch die Androhung der Folter (er ist nie gefoltert worden) war eine reine Prozeßformalität. Und die Geschichte, daß er nach der Verkündigung des Urteils trotzig gerufen haben soll: "Und sie bewegt sich doch!" ist zwar sehr schön, aber nur eine Legende.

8. Die Inquisition

"Mit der Inquisition hat die Kirche die Menschenrechte blutig unterdrückt!"

Dies ist einer der beliebtesten Vorwürfe, die der Kirche gemacht werden. Man muß bei dem Versuch einer Entgegnung vor allem deutlich machen, wie das Weltbild des Mittelalters ausgesehen hat, wie die Menschen gedacht und gelebt haben.

◆ Die Gesellschaft des Mittelalters kannte die Trennung von Kirche und Staat nicht, wie sie für uns heute selbstverständlich ist. Kirche und Reich waren untrennbar miteinander verbunden, die Gesellschaft war seit dem 9. Jahrhundert die eine Christenheit, deren gemeinsame Grundlage der Glaube war. Wer den Glauben angriff, griff zugleich auch die Gesellschaftsordnung an. Der Häretiker, der Ketzer, stellte sich nicht nur außerhalb der Gemeinschaft der Kirche, er stellte sich damit automatisch auch außerhalb jeder menschlicher Gemeinschaft und war eine ernste Bedrohung für die gesamte soziale und ökonomische Ordnung. Der Ketzer rüttelte an den Fundamenten der Gesellschaft (Ehe, Familie, Eigentum...). Dies ist für uns heute sehr schwer nachzuvollziehen. Der Häretiker stellte für die damalige Gesellschaft die gleiche Bedrohung dar, die für uns heute etwa ein Terrorist darstellt. Deshalb lag die Initiative für die Einrichtung der Inquisition, die allgemein befürwortet wurde (übrigens auch von Luther, Calvin und Melanchthon), auch beim Staat.

◆ Im 11. Jahrhundert wurden die Ketzer zunächst vom französischen König Robert dem Frommen bekämpft. Auch Lynchjustiz durch die Bevölkerung war nicht selten. Seit dem 12. Jahrhundert wirkten dann Kirche und Reich bei der Ketzerverfolgung zusammen.

◆ Im 13. Jahrhundert wurde dann unter Papst Gregor IX. (1227-41) die kirchliche Inquisition gegründet. Die Bettelorden der Franziskaner und Dominikaner wurden damit beauftragt, nach Häretikern und Ketzern zu forschen, sie – wenn möglich – zum Glauben zurückzuführen, oder, wenn sie hartnäckig oder rückfällig waren, zu verurteilen und der weltlichen Gewalt zur Hinrichtung zu übergeben.

◆ Die einzelnen Inquisitoren waren meist gebildete und vernünftige Männer, die oft sehr gelehrt waren und in hohem Ansehen standen. Sie führten ihre Aufgabe sehr gewissenhaft aus, auch wenn man nicht verschweigen darf, daß es auch tyrannische und brutale Inquisitoren gegeben hat und die Inquisition oft zu politischen Zwecken mißbraucht wurde. Das berühmteste Beispiel hierfür ist wohl die Hinrichtung der Hl. Jeanne d´Arc.

◆ Obwohl es auch zeitgenössische Kritik am Vorgehen der Inquisition gab (zum Beispiel vom Hl. Bernhard von Clairveaux 1144), waren sich die Menschen doch darüber einig, daß die Ketzer die Todesstrafe verdienten. Und wie gesagt: Diese Haltung war nicht nur die der Kirche, sondern die der gesam-

ten Gesellschaft.
Die Beleidigung Gottes durch die Ketzerei wurde als ein großes Verbrechen betrachtet: Ketzerei war Hochverrat.
Die Menschen hatten damals – im Gegensatz zu uns heute – vor allen Dingen die Ewigkeit, das ewige Heil vor Augen. Die Rechtfertigung für die Praxis der Inquisition sahen sie darin, daß sie den Menschen vor allem das ewige Heil sichern wollte. Auch diese Ansicht ist für uns nur schwer verständlich. Wenn wir aber ein gerechtes Urteil fällen wollen, kommen wir nicht darum herum, uns diese Haltung zu vergegenwärtigen. Es wäre unfair, unsere Maßstäbe (wie zum Beispiel Religionsfreiheit) auf die damalige Gesellschaft anzulegen.
◆Von der allgemeinen Inquisition muß man die sogenannte "Spanische Inquisition" unterscheiden. Sie wurde in Spanien unter König Ferdinand im 15. Jahrhundert gegründet. Es handelte sich um eine Straffung des in anderen Ländern üblichen Inquisitionssystems. An der Spitze stand ein vom König ernannter und vom Papst bestätigter Großinquisitor. Die Spanische Inquisition, der besondere Härte nachgesagt wird, wurde vom König oft zur Durchsetzung politischer Interessen mißbraucht.
◆ Entgegen anderen Behauptungen hatte die Inquisition keinen negativen Einfluß auf das Geistesleben und die kulturelle Entwicklung. Theologische Schulen entstanden, und es wurden weitgehende wissenschaftliche Diskussionen geführt. Zur Zeit der Spanischen Inquisition erlebte die Literatur in Spanien

eine ausgesprochene Blütezeit.

◆ Man kann also nicht davon sprechen, daß die Inquisition die Menschenrechte blutig unterdrückt hätte. Eine solche Behauptung kommt nur dann zustande, wenn man das System der Inquisition in unsere Zeit überträgt.

Diesen Fehler aber darf man nicht machen: Man muß das Denken und die Maßstäbe des Mittelalters anlegen. Dann wird man sicherlich auf der einen Seite den Mißbrauch der Inquisition verurteilen, auf der anderen Seite aber die Inquisition als Reaktion der damaligen Gesellschaft auf die Bedrohung ihrer ureigensten Fundamente zumindest verstehen können.

Ernst W. Wies beschäftigt sich in seinem Buch über die Hl. Elisabeth von Thüringen, deren Beichtvater Konrad von Marburg ein sehr gefürchteter und gnadenloser Inquisitor war, durchaus kritisch mit der Inquisition. Er kommt zu folgendem Ergebnis:

"Bevor wir uns aber ob dieser uns barbarisch erscheinenden Geisteshaltung dem Genuß der moralischen Entrüstung hingeben, ist Nachdenken notwendig. Wenn das Ziel menschlichen Lebens und Strebens die Überwindung der Welt, die Rettung der Seele in die ewige Seligkeit ist, dann sind der Ratschlag von Francisco Peñas [der auf die Frage nach der Problematik unschuldig Verurteilter antwortete, daß sich das Opfer daran erinnern möge, "daß ihm bei geduldiger Hinnahme von Unrecht und Todespein die Märtyrerkrone winke" Einfügung

v. Verf.] und die innere Haltung des Konrad von Marburg logisch und von innerer Notwendigkeit. Zugegeben, man muß aus heutiger Sicht bei diesen Gedanken und Taten tief Luft holen. Dennoch, wenn wir nicht die absolute Priorität der Seele als Erbteil Gottes gegenüber dem erdgebundenen, vergänglichen Leib als Grundhaltung mittelalterlichen Lebens akzeptieren, werden wir nie Eingang in die Geisteswelt dieser Zeit finden. Sind wir aber fähig, uns dieses Wertmaßstabes zu bedienen, so öffnen sich uns viele Türen zum Verständnis des Mittelalters und seiner Menschen. Denn der Historiker will verstehen und nicht verurteilend moralisieren aus den scheinbar so unerschütterlichen Bastionen des eigenen Zeitgeistes heraus."[2]

9. Die Hölle

"Früher drohte die Kirche mit der Hölle und jagte den Menschen Angst ein!"

Ist die Hölle ein Überbleibsel aus dem Mittelalter? Nein! Die Lehre der Kirche ist in diesem Punkt damals wie heute (vgl.: KKK 1033-1037) die gleiche:
Da Gott vom Menschen geliebt werden will, die wahre Liebe aber die Freiheit voraussetzt, hat der Mensch die traurige Möglichkeit, diese Freiheit zu mißbrauchen und sich auf dieser Erde gegen Gott zu entscheiden. Da Gott uns und unsere Freiheit ernst nimmt, hat diese Entscheidung auch für das Leben nach dem Tod Konsequenzen: Der Mensch, der sich hier von Gott trennt, wird auch in der Ewigkeit von Gott getrennt sein – eben das, was wir Hölle nennen. In diesem Kritikpunkt stecken auch einige falsche Behauptungen:

◆ Das völlig falsche Geschichtsverständnis: "Früher, im finsteren Mittelalter war alles viel schlechter als heute, die Menschen wurden unterdrückt und bevormundet..." (Siehe Kapitel I/3!) Daß ein solches Geschichtsverständnis, das die historischen Quellen hartnäckig ignoriert, falsch ist, muß man nicht eigens erwähnen.

◆ Ein verzerrtes und falsches Bild von der Kirche, die als machtbesessener Tyrann bezeichnet wird, der den Menschen Angst einjagte, um sie gefügig zu machen. Abgesehen davon, daß eine solche Betrachtungsweise den damaligen Menschen überhaupt nicht gerecht wird (wir brauchen uns nicht einzubilden, wir seien intelligenter oder "besser" als die Menschen vergangener Jahrhunderte, nur weil Wissenschaft und Technik heute weiter fortgeschritten sind), stimmt dieses Bild nicht. Hier muß man verlangen, daß die pauschale Formulierung "Die Kirche früher" (das kann ja alles Mögliche heißen!) konkretisiert wird: Wann, wie, wo, wer?

◆ Außerdem suggeriert diese Behauptung, daß der Begriff der Hölle ein rein rhetorisches Mittel gewesen ist. Die Lehre der Kirche ist in diesem Punkt aber immer gleich geblieben. Nur ist sicherlich die "Intensität", mit der sie den Menschen verkündet wurde, in den verschiedenen Zeiten unterschiedlich gewesen. Heute neigen ja viele Theologen dazu, diese Lehre zu leugnen oder abzuschwächen. In vergangenen Zeiten mag es Fälle gegeben haben, in denen sie sehr drastisch geschildert oder übertrieben wurde. Dann war aber nicht ein "Machtdenken" der Kirche, sondern ihre Sorge um das Heil der Menschen dafür verantwortlich.

10. Die Kirche der Mächtigen?

"Die Kirche hielt es immer nur mit den Reichen und Mächtigen!"

Dieser Vorwurf ist ziemlich undifferenziert. Die Kirche wird als "Bündnispartner" der "Reichen und Mächtigen" gegen die Unterdrückten und Armen charakterisiert. Hier können oft schon einige historische Fakten, die das Gegenteil beweisen, abhelfen:

◆ Die Kirche hat sich immer dafür eingesetzt, daß die Würde des Menschen, die er von Gott erhalten hat (Gott schuf den Menschen nach seinem Bild: Gen 1, 27), in dieser Welt geachtet und respektiert wird – und machte sich damals wie heute deshalb häufig unbeliebt, weil der Zeitgeist oft andere Prioritäten setzt.

◆Bis zum Ende des 18. Jahrhundert war es fast ausschließlich (bis auf kleine protestantische Sekten wie die Quäker) die katholische Kirche, die sich für die Indianer und Negersklaven einsetzte. So gründeten die Jesuiten eine vorbildliche Niederlassung in Paraguay, in der die Menschenrechte der Ureinwohner uneingeschränkt gewahrt wurden. Bemühungen wie diese wurden allerdings oft durch europäische Sklavenjäger zunichte gemacht.

◆ In der Bulle *"Veritas ipse"* stellte Papst Paul III. 1537 fest, *"daß die Indianer, auch wenn sie außer-*

halb des Glaubens leben, ihrer Freiheit und der Vefügungsgewalt über ihre Güter nicht beraubt werden dürfen..." Dies ist ein strenges Verbot der Sklaverei!

◆ Diese Tatsache erscheint um so überraschender, als noch 100 Jahre später, im Zeitalter der Aufklärung, das Menschensein der Indianer in Frage stand. Der große Philosoph Immanuel Kant hielt die Indianer für *"eine noch nicht völlig eingeartete hunnische Rasse"* und bezeichnete sie als *"degeneriert"*.

◆ Auch später haben Päpste wie Pius V., Clemens VIII. und Urban III. immer wieder die Bulle "Veritas ipse" wiederholt und exkommunizierten den, *"der es wagen würde, einen Indianer, gleichviel ob christlich oder nicht, zum Sklaven zu machen, zu verkaufen oder zu vertauschen, von Weib und Kind zu trennen und seines Eigentums zu berauben..."*

◆ Im Mittelalter war die Kirche die einzige Institution, die für die Randgruppen der Gesellschaft da war und sich ihrer systematisch annahm.

11. Die soziale Frage

"Die Kirche hat sich mit dem Kapitalismus verbündet und bei der Lösung der sozialen Frage versagt!"

Mit der Arbeiterfrage (Soziale Frage) bezeichnet man die Gesamtheit der sozialpolitischen Probleme, die sich im Industriezeitalter (19. Jahrhundert) aus dem Vorhandensein einer besitzlosen Klasse, der Arbeiter, und den daraus folgenden gesellschaftlichen Spannungen ergeben haben.
Mit der beginnenden Industrialisierung (in England seit 1770, in Deutschland seit etwa 1830) kam es zu großen Wanderungsbewegungen. Ehemalige Handwerker, Manufakturarbeiter und verarmte Landarbeiter zogen in die Städte und suchten in den Fabriken Arbeit.
Durch die Trennung von Kapital und Arbeit, die als "Ware" angesehen wurde (System des Kapitalismus), verarmten und verelendeten die Arbeiter, die unter ungerechten sozialen Bedingungen leben mußten.

◆ Es waren katholische Gelehrte und Wissenschaftler (zum Beispiel Joseph Görres, Adam Müller, Franz von Baader), die die Probleme zuerst erkannten.

◆ Bereits 1823 wird in der Zeitschrift "Der Katholik" die Lage der Arbeiter kritisiert (Karl Marx war gerade fünf Jahre alt).

◆ Elf Jahre vor dem "Kommunistischen Manifest" von Engels und Marx forderte Joseph Ritter von Buß (1803-78) eine umfassende sozialpolitische Gesetzgebung. Allerdings wurde seine Eingabe im badischen Parlament nicht diskutiert – aus Zeitgründen, wie es hieß.

◆ Es wurden viele Selbsthilfe- und Schutzvereinigungen gegründet. Leute wie Adolf Kolping (1813-65) und Bischof von Ketteler (1811-77) haben diese bedeutsamen Initiativen organisiert. Die christlich-sozialen Vereine hatten im Rheinland und in Westfalen über 200.000 Mitglieder, während die sozialistischen Vereinigungen von Ferdinand Lasalle (Allgemeiner Deutscher Arbeiterverein) und August Bebel (Verband Deutscher Arbeitervereine) zusammen nur etwa 10.000 Mitglieder hatten.

◆ Die Sozialgesetzgebung von Bismarck konnte nur mit Hilfe der katholischen Zentrumspartei (gegen den Willen von Sozialisten und Konservativen) durchgesetzt werden.

◆ 1891 erschien die erste Sozialenzyklika "Rerum novarum" von Papst Leo XIII.

◆ Die katholische Bewegung wollte die Marktwirtschaft nicht abschaffen, sondern sie so gestalten, daß sie sozial gerecht wird.

◆ Auch später hat sich die Kirche immer wieder für die Arbeiter eingesetzt: Erwähnt sei nur der französische Priester Cardijn, der 1912 eine der weltgrößten Arbeiterjugendbewegungen (JOC) gründete, die heute in über 70 Ländern vertreten ist.

12. Die Kirche und der Nationalsozialismus

"Die Kirche (Papst Pius XII.) hat nichts gegen die Nazis unternommen!"

Die Beschuldigung, die katholische Kirche habe mit den nationalsozialistischen Machthabern paktiert, und Papst Pius XII. habe der Judenverfolgung schweigend und tatenlos zugesehen, obwohl er hätte helfen können, wird heute immer wieder vorgetragen.
Auslöser dieser Vorwürfe ist das 1963 uraufgeführte Drama "Der Stellvertreter" von Rolf Hochhuth, der Pius XII. darin schwere Vorwürfe gemacht hat.
Die Historiker haben jene Epoche anhand der vorliegenden Quellen mittlerweile detailliert erforscht. So kann man sagen, daß die Vorwürfe gegen den Papst schlicht falsch sind. Auch die meisten Vorwürfe gegen die Kirche in Deutschland entbehren jeglicher Grundlage.

◆ Vor den Reichstagswahlen am 5. März 1933 hat die katholische Kirche die nationalsozialistische Bewegung in verschiedenen Dokumenten verurteilt. Auch die katholische Bevölkerung stand den Nationalsozialisten ablehnend gegenüber. Das belegt das Wahlverhalten: Im damaligen Großdeutschland waren zwei Drittel der Bevölkerung evangelisch und ein Drittel katholisch. Es gab noch weitgehend geschlossene evangelische bzw. katholische Gebiete (katholische Schwerpunkte waren zum Beispiel Westfalen, Rheinland, Rhön, Ermland und Oberschlesien). Die mit weitem Abstand geringsten Wahlerfolge erzielten die Nationalsozialisten in diesen Gebieten.

◆ Nachdem Hitler an die Macht gekommen war, ergab sich das Problem, daß eine zuvor lehramtlich verurteilte Bewegung plötzlich Trägerin der Staatsgewalt wurde. Zudem erweckte Hitlers Regierungserklärung vom 23. März 1933 den Anschein, der Nationalsozialismus stehe dem Christentum und der Kirche sehr positiv gegenüber (was natürlich falsch war: Der Kampf gegen die Katholische Kirche war von Anfang an ein wichtiges Ziel nationalsozialistischer Innenpolitik).

◆ So ist es zu erklären, daß einige deutsche und österreichische Bischöfe dem Nationalsozialismus zunächst positiv gegenübertraten. Immer wieder wird zum Beispiel das "Heil Hitler" Kardinal Innitzers von Wien oder die Erklärung der österreichischen Bischofskonferenz für den Anschluß Österreichs an das Deutsche Reich angeführt. Allerdings muß man auch sehen, daß diese Bischöfe später ihren Irrtum erkannten und das Regime bekämpften: Innitzer, der als "Judenbischof" verhöhnt wurde, setzte sich unerschrocken für die verfolgten Juden ein.

◆ Kritisiert wird auch das 1933 geschlossene Konkordat (Vertrag zwischen Kirche und Staat, der das Zusammenleben von Kirche und Staat regelt und die gegenseitigen Rechte und Pflichten festlegt). Es handelte sich aber nicht um den ersten großen, internationalen Vertrag, den Hitler abschließen konnte: Einige Tage vorher, am 15. Juli 1933, war der Viermächtepakt zwischen Großbritannien, Frankreich, Italien und Deutschland unterzeichnet worden. Außerdem war das Konkordat nicht eine "Anpassung" der Kirche, sondern der Versuch, sich der allgemeinen Gleichschaltung zu entziehen. Und obwohl das Regime immer wieder vertragsbrüchig wurde, konnte so zum Beispiel die freie Verkündigung des Glaubens gewährleistet werden.

◆ Der Kampf der katholischen Kirche in Deutschland ging von den katholischen Jugendverbänden, den einzelnen Priestern und praktizierenden Katholiken genauso aus wie von den Bischöfen. Berühmt sind zum Beispiel die Adventspredigten von Bischof Faulhaber (Dezember 1933), in denen er auf die Bedeutung des Judentums für die Heilsgeschichte hinwies, oder der Einsatz von Bischof von Galen gegen die Euthanasie (Münster 1941). Eine große Fülle von verschiedenen Protesten, Eingaben, Hirtenbriefen und Erklärungen zeigte aber nur selten Erfolg.

◆ Die Nationalsozialisten gingen gegen hohe kirchliche Würdenträger nur selten vor, da sie einen Solidarisierungseffekt fürchteten. Um so stärker war ihr Kampf gegen den Diözesan- und Ordensklerus. 1935-37 fanden zahlreiche Schauprozesse gegen

Priester statt. Insgesamt wurden gegen 7.155 Weltpriester (36 Prozent des Weltklerus) und 866 Ordensangehörige (20 Prozent der Ordensleute) Zwangsmaßnahmen ausgeübt.
Im Konzentrationslager Dachau waren von 2.800 Geistlichen 95 Prozent katholische Priester, über 200 Priester starben.

◆ Dem Papst wird schließlich vorgeworfen, zu den Judenverfolgungen und Deportationen geschwiegen zu haben. Doch bereits sein Vorgänger, Pius XI., erhob die Stimme gegen den Nationalsozialismus. Seine Enzyklika *"Mit brennender Sorge"* vom 14. März 1937, in der schonungslos der Bruch des Konkordats, die Kirchenverfolgung und die Verletzung der Natur- und Menschenrechte angeprangert wurden, erregte weltweites Aufsehen und provozierte die Nationalsozialisten sehr: Verhaftungen, Beschlagnahmungen und Enteignungen von Druckereien waren die Folge. Auch Pius XII. blieb nicht stumm. Zwischen 1933 und 1939 gingen insgesamt 55 Protestnoten des Vatikans an die deutsche Regierung, von denen 44 erst gar nicht beantwortet wurden. Diese Proteste des Papstes hatten nicht den geringsten Einfluß auf die Reichsregierung. Ganz im Gegenteil führten lautstarke Proteste zu weiteren Grausamkeiten: Als zum Beispiel die holländischen Bischöfe die Deportation holländischer Juden verurteilten, fühlten sich die Nationalsozialisten so provoziert, daß sie sofort alle katholischen "Nichtarier" in das Vernichtungslager nach Auschwitz deportierten.

◆ Aufgrund dieser Tatsachen entschloß sich Pius

XII., der die deutschen Verhältnisse auch aus seiner Zeit als Nuntius gut kannte, keinen flammenden Protest (etwa in Form einer päpstlichen Enzyklika) zu verfassen, sondern "schweigend" zu helfen. Die vielfältigen Formen dieser "stillen Hilfe" der katholischen Kirche überall im besetzten Europa sind vielfach dokumentiert und bezeugt. Hier soll nur der angesehene jüdische Theologe und Historiker Pinchas Lapide - ein sicherlich unverdächtiger Zeuge - zu Wort kommen:

"Die katholische Kirche ermöglichte unter dem Pontifikat von Pius XII. die Rettung von 700.000, wahrscheinlich aber sogar 860.000 Juden vor dem gewissen Tod von den Händen der Nationalsozialisten."[3]

Lapide schätzt, daß von den 950.000 Juden, die das nationalsozialistische Massaker überlebten, 70 bis 90 Prozent ihr Leben verschiedenen Maßnahmen der katholischen Kirche verdanken.

II.
Moraltheologische Fragen

1. Einleitung

Für das Verständnis von vielen Fragen aus dem Themengebiet "Sexualität" und "Ehe" ist es wichtig, den Hintergrund, das heißt die christliche Sichtweise des Menschen und der menschlichen Sexualität zu kennen.
Im ersten Kritikpunkt "Die Kirche ist in Fragen der Sexualität total verkrampft und altmodisch!" wird der Versuch gemacht, diesen Hintergrund zumindest im Ansatz zu verdeutlichen.
Es bleibt jedoch die Aufgabe eines jeden, der die Lehre der Kirche verstehen und fair beurteilen will, sich mit diesen Grundfragen vertraut zu machen. Hier sei der Hinweis auf den neuen Katechismus der Katholischen Kirche (KKK) erlaubt. Wer – ob katholisch oder nicht – die Lehre der Kirche aus erster Hand und nicht nur "vorgekaut" aus Fernsehshows oder Illustrierten kennenlernen will, kommt an diesem Buch nicht vorbei.

2. Das christliche Verständnis der Sexualität

"Die Kirche ist in Fragen der Sexualität total verkrampft und altmodisch!"

Um ein solches Urteil prüfen zu können, ist es erforderlich, wenigstens einen groben Überblick über das christliche Verständnis der menschlichen Sexualität zu haben. Dann wird man die Position der Kirche zu manchen Fragen besser verstehen können.

Die Sexualität des Menschen

Oft wird der Kirche vorgeworfen, sie sei leib- und lustfeindlich. Daß dies Unsinn ist, erkennt man sofort, wenn man weiß, wie sehr die Kirche die Sexualität des Menschen schätzt. Der Bereich der Sexualität gehört zu der Geschlechtlichkeit des Menschen. Geschlechtlichkeit bedeutet die allgemeine Fähigkeit des Menschen, sich zu binden, Beziehungen und Freundschaften einzugehen, und im besonderen die Fähigkeit zu lieben und Kinder zu zeugen. Der Mensch hat diese Fähigkeit von Gott erhalten. Gott selbst ist die Liebe. Nach seinem Bild hat er den Menschen als Mann und Frau geschaffen, die sich gegenseitig ergänzen sollen.
Von Anfang an hat sich die Kirche für eine positive

Wertung der menschlichen Sexualität eingesetzt; dies kann man schon daran erkennen, daß sich bereits die frühe Kirche gegen die Lehre der leibfeindlichen Gnostiker wandte und ihnen gegenüber die Leiblichkeit des Menschen betonte.
Also: Die Fähigkeit des Menschen zur Sexualität ist ein Geschenk Gottes. Deshalb ist die Kirche ihr gegenüber auch nicht ablehnend oder feindlich eingestellt – im Gegenteil, sie mißt der Sexualität einen hohen Wert und eine große Würde bei.

Die Liebe

Die Liebe zwischen Mann und Frau gehört ebenfalls zur Geschlechtlichkeit. Sie soll Abbild der göttlichen Liebe sein. Deshalb gehört zu der wirklichen Liebe mehr als nur das Gefühl des Verliebtseins. Liebe bedeutet mehr als Gefühle, nämlich die bewußte Annahme des anderen um seiner selbst willen ohne egoistische Hintergedanken.
Die so verstandene Liebe zwischen Mann und Frau braucht aber eine Grundlage, auf der sie existieren und sich entfalten kann. Diese Grundlage bildet die christliche Ehe. In diesem Sakrament stellt Gott sich selbst als Grundlage der ehelichen Liebe zur Verfügung.
Weitere Bedingungen für ein Gelingen dieser Liebe sind zum Beispiel die absolute Treue beider Ehepartner und die Unauflöslichkeit der Ehe. Man kann nicht nur "auf Probe" lieben, man kann sich nicht nur mal so "auf Zeit" verschenken:

"Die eheliche Liebe hat etwas Totales an sich, das alle Dimensionen der Person umfaßt: Sie betrifft Leib und Instinkt, die Kraft des Gefühls und der Affektivität, das Verlangen von Geist und Willen; sie ist auf eine zutiefst personale Einheit hingeordnet, die über das leibliche Einswerden hinaus dazu hinführt, ein Herz und eine Seele zu werden; sie fordert Unauflöslichkeit und Treue in der endgültigen gegenseitigen Hingabe und ist offen für die Fruchtbarkeit...." (KKK 1643)

Die Ehe als Ort der Sexualität

Die Sexualität, besonders der eigentliche Geschlechtsakt, ist die körperliche Ausdrucksform der oben beschriebenen Liebe. In dem totalen Sich-Verschenken des Geschlechtsakts drücken die Eheleute ihre gegenseitige vorbehaltlose Annahme, ihre gegenseitige Liebe aus. Geschlechtsverkehr und eheliche Liebe können nicht getrennt werden, sie bilden eine Einheit. Wenn man sie trotzdem auseinanderreißt, führt das nicht zu einer Befreiung des Menschen, sondern zu Perversion und Unterdrückung (Stichwort Pornographie, Prostitution etc...).

Die beiden Aufgaben

Der Geschlechtsakt hat nun zwei Aufgaben oder Ziele, die in seinem Wesen verwurzelt sind und deshalb zusammengehören.
Auf der einen Seite erleben die Partner Lust und

Befriedigung, wenn sie miteinander schlafen und können so ihre Liebe vertiefen und festigen.
Auf der anderen Seite ist jeder Geschlechtsakt im Prinzip auf die Zeugung von Kindern hin offen. Daß diese beiden Dinge zusammengehören, sieht man ja schon, wenn man die Natur des Menschen betrachtet: Beim Geschlechtsverkehr wird die Lust und Befriedigung mit der Möglichkeit der Zeugung von Kindern verbunden.
Und das miteinander Schlafen ist eben Ausdruck der Liebe: Die wirkliche Liebe ist aber nicht egoistisch, sie benutzt den anderen nicht zur eigenen Lustbefriedigung, sie ist offen, sie neigt dazu, fruchtbar zu sein.
Das Kind, das geboren wird, ist eben die Frucht und Erfüllung der Liebe und gegenseitigen Hingabe der Ehepartner.

Kurz gesagt:

Das christliche Verständnis der Sexualität beruht auf der Tatsache, daß die Sexualität des Menschen ein Geschenk Gottes ist. Sexualität und eheliche Liebe gehören zusammen, sie werden von Mann und Frau in der Ehe gelebt, deren Grundlage Gott selbst ist. Und weil der Geschlechtsakt körperlicher Ausdruck der Liebe ist, vertieft er sie (durch Lust und Befriedigung) und erfüllt sie (durch die Zeugung von Kindern).
Dies ist ganz wesentlich für das Verständnis der katholischen Morallehre. Wenn man sich bemüht,

dieses großartige, der Würde des Menschen angemessene Verständnis der menschlichen Sexualität zu erfassen, kann man die Position der Kirche in den nachfolgenden Punkten verstehen.

3. Der voreheliche Geschlechtsverkehr

"Sex vor der Ehe ist verboten!"

In unserer Gesellschaft herrscht die Ansicht vor, daß eine ungezügelte Befriedigung des Geschlechtstriebes normal sei. Jungen Menschen wird schon von Kindesbeinen an durch die Medien (Fernsehen, Illustrierte...) eingeredet, daß man so früh wie möglich damit anfangen müsse, Geschlechtsverkehr zu haben. Wer sich hier kritische Anfragen erlaubt, wird als "altmodisch", "verklemmt" oder "reaktionär" abgestempelt.

◆ Wer sich die vorhergehenden Ausführungen über das christliche Verständnis der menschlichen Sexualität zu Gemüte geführt hat, erinnert sich sicher daran, daß die Sexualität, besonders der Geschlechtsverkehr, ganz eng mit der Liebe zusammenhängt, wie sie nur in der Ehe verwirklicht und gelebt werden kann.
Die Ehe ist der einzige Ort, die einzige Form, die dem Wesen, dem Wert und der Würde der menschlichen Sexualität wirklich voll und ganz gerecht wird. Indem die Kirche hier eine Grenze zieht und die Befriedigung der sexuellen Bedürfnisse außerhalb der Ehe als falsch bezeichnet, so geschieht dies nicht, um die Menschen zu ärgern oder zu unter-

drücken, sondern um die Sexualität in ihrem Wesen und Wert zu schützen. Wenn man nämlich die Sexualität von der Liebe, die sich ganz verschenkt und die erfüllt werden will, trennt, dann wird die Sexualität zu einem bloßen Mittel degradiert, das – letztlich egoistische – Bedürfnisse befriedigt. Dieser Mißbrauch des Geschenkes Gottes (und des Partners) macht den Menschen am Ende nicht glücklich, sondern führt zu Perversionen, die den Menschen abhängig machen und unterdrücken (Unfähigkeit zur Bindung, Pornographie, Prostitution...).

◆ Im übrigen ist es ein Irrtum zu glauben, daß der Mensch vom Geschlechtstrieb beherrscht wird und nichts dagegen unternehmen kann bzw. krank wird, wenn er ihn nicht auslebt. Der Mensch besitzt zwar Triebe, aber im Gegensatz zum Tier, das nur seinen Instinkten gehorcht, ist der Mensch frei. Es ist seine Aufgabe, die Triebe zu kontrollieren und sich nicht von ihnen beherrschen zu lassen. Denjenigen, der die Kontrolle über seine Triebe besitzt, nennen wir einen reifen Menschen. Das kann ein einfaches Beispiel verdeutlichen: Jeder kennt den Trieb des Essens. Nun ist es ja völlig klar, daß es höchst vernünftig und für die körperliche und geistige Gesundheit notwendig ist, diesen Trieb zu lenken, das heißt, sich bewußt zu ernähren, ungesunde Sachen nur in Maßen zu essen oder – wenn man Übergewicht hat – mal eine Diät zu halten. Das sogenannte Heilfasten ist ja schon eine richtige Mode geworden! Niemand käme auf die Idee zu behaupten, daß derjenige, der immer nur ißt und seinen Appetit dadurch steigert, daß er zum Beispiel irgendwelche Kochbücher liest, in denen ihm die Gerichte schmackhaft gemacht werden, vernünftig handelt. Hier ist es klar, daß der reife Mensch seinen Trieb kontrollieren kann und muß. Warum soll das nicht auch für den Geschlechtstrieb gelten!

◆ Jeder, der schon einmal einen Freund oder eine Freundin hatte, weiß, wie wichtig es ist, daß man sich aufeinander verlassen kann, daß man sich der Treue des anderen gewiß ist, auch wenn man sich einmal für eine gewisse Zeit nicht sieht.

Die Treue ist erst recht für das Gelingen der ehelichen Liebe unentbehrlich. Die Fähigkeit zur Treue fällt uns aber nicht einfach in den Schoß. Wir müssen sie lernen. Wer nie gelernt hat, treu zu sein, zu verzichten, seinen Geschlechtstrieb zu steuern, wer immer sofort alle seine Bedürfnisse befriedigte, dem wird es – selbst wenn er guten Willens ist – nicht gelingen, schwierige Situationen, die sich in jeder Ehe ergeben können, zu meistern. Was ist zum Beispiel, wenn der Partner für längere Zeit nicht zu Hause ist oder krank wird? Wird man dann in der Lage sein, ihm die Treue zu halten? Wird man fähig sein zu verzichten und sich – um des anderen willen – zu beherrschen?

Das Lernen von Verzicht und Treue ist manchmal sicher unbequem und lästig. Es ist aber notwendig, wenn man sich einmal als reifer Mensch in einer sich absolut verschenkenden ehelichen Liebe bewähren will.

Diese Treue hängt natürlich eng mit dem Glauben zusammen; man kann sagen, daß sie eine Frucht des Glaubens ist.

"Der tiefste Grund liegt in der Treue Gottes zu seinem Bund und in der Treue Christi zu seiner Kirche. Durch das Sakrament der Ehe werden die Gatten fähig, diese Treue zu leben und sie zu bezeugen..." (KKK 1647)

Und was für die Treue gilt, gilt auch für die gesamte katholische Sexualmoral: Sie ist keine Erfindung irgendwelcher lebens- und wirklichkeitsferner Päpste oder Prälaten, sondern entspringt aus dem Glauben an den Gott, der den Menschen als Mann und Frau erschaffen hat. Deshalb wird sie ein unreligiöser Mensch auch nie richtig verstehen und leben können (was man ja an ihrer heutigen "Beurteilung" durch eine weithin glaubenslose Öffentlichkeit sehen kann).

4. Verhütung

"Verhütungsmittel sind auch verboten - die Frau ist doch keine Gebärmaschine!"

Hinter diesem Vorwurf steckt die falsche Vorstellung, daß in einer christlichen Ehe die Frau möglichst viele Kinder hintereinander zu bekommen hat. Außerdem wird – sozusagen implizit – behauptet, daß eine "Planung" der Kinder nur durch künstliche Verhütungsmittel zu erreichen sei.

◆ Die Auffassung, daß die Frau möglichst viele Kinder bekommen sollte, oder daß die Frau nach jedem Geschlechtsakt schwanger werden müsse, ist falsch. Wie bereits dargestellt, besteht in der ehelichen Fruchtbarkeit die Erfüllung und Bestätigung der gegenseitigen Liebe. Außerdem wirken die Ehegatten so an der Schöpfung Gottes mit. Das ist ihre besondere Berufung und Aufgabe

◆ Warum aber dürfen die Eheleute keine künstlichen Verhütungsmittel einsetzen? Zunächst muß man sich vergegenwärtigen, was die beiden Aufgaben des Geschlechtsaktes sind: 1. der körperliche Ausdruck der Liebe (Lust/Befriedigung) und 2. die Zeugung von Kindern (Erfüllung der Liebe/Mitwirkung am Schöpfungsauftrag). Durch den Einsatz von künstlichen Verhütungsmitteln wird die enge Verbindung,

die zwischen diesen beiden Aufgaben besteht, **aktiv** und **direkt** zerrissen. Die zweite Aufgabe wird grundsätzlich ausgeschaltet. Dies bedeutet einen Mißbrauch der von Gott geschenkten Sexualität: Die göttliche Schöpfungstätigkeit wird ausgeschlossen, der potentiell fruchtbare (denn die Frau muß ja nicht schwanger werden) Geschlechtsakt wird unfruchtbar. In der Folge entsteht oft eine hedonistische und lebensfeindliche Mentalität!
Außerdem wird das völlige Sich-Verschenken der ehelichen Liebe durch künstliche Verhütungsmittel eingeschränkt: Die völlige Hingabe, die dem Geschlechtsverkehr zugrundeliegt, wird gemindert.

◆ Haben denn die Ehepartner gar keine Möglichkeit einer "Geburtenplanung"? Doch, haben sie. Und zwar dann, wenn ein wichtiger Grund dazu vorliegt. Dann können sie entweder durch zeitweilige Enthaltsamkeit oder durch die Beachtung der unfruchtbaren Tage der Frau (natürliche Familienplanung, NFP) Abstände zwischen die Geburten legen. Das ist sittlich erlaubt, unter Umständen sogar sittlich geboten.

◆ Es ist für viele schwer einzusehen, worin nun der Unterschied zwischen der natürlichen Methode und der künstlichen Verhütung besteht. Zum einen wird bei der natürlichen Methode die Beziehung zwischen den beiden Aufgaben des Geschlechtsverkehrs nicht direkt und aktiv zerrissen, es wird nur die Zeit ausgesucht, in der die Frau (sozusagen natürlicherweise) nicht schwanger wird. Zum anderen wird das menschliche Tun nicht von der göttlichen Schöp-

fungstätigkeit losgelöst.
Man kann sich dies an einem Beispiel klarmachen: Ein Bauer sät Samen auf einem Feld aus. Jetzt kann man das Feld vergiften: Nichts wächst. Man kann auch eine Plastikplane auf das Feld legen – es wird nichts wachsen. Man kann den Samen aber auch im Winter ausstreuen – es wird nichts wachsen. In den beiden ersten Fällen hat man in den natürlichen Kreislauf eingegriffen – im letzten Fall hat man nur die Zeit des Aussäens geändert. Der Unterschied zwischen den Handlungen wird deutlich.

◆ Auch in der Ehe ist die Keuschheit (vgl. KKK 2337ff.), zu der jeder Getaufte berufen ist (Gal 3, 27), eine Aufgabe. Es kann ja durchaus aufgrund verschiedener Umstände (zum Beispiel Krankheit) dazu kommen, daß die Partner eine gewisse Zeit enthaltsam leben müssen.

◆ Schließlich muß man auf die Erfahrung von Eheleuten hinweisen, daß – anders als uns manche Illustrierten glauben machen wollen – der Sex nicht das Wichtigste, nicht das Zentrale in einer Ehe ist.

Zusammenfassend kann man sagen:
Es liegt im Wesen des Geschlechtsaktes, daß er Teilnahme an der göttlichen Schöpfung ist. Das bedeutet, daß die Ehepartner bei jedem einzelnen Geschlechtsakt grundsätzlich offen für Kinder sein müssen. Das bedeutet aber nicht, daß aus jedem einzelnen Geschlechtsakt ein Kind hervorgehen muß. Gott hat die Frau ja so geschaffen, daß sie nur an einigen Tagen des Monats schwanger werden kann.

Wenn also die Eheleute an einem der unfruchtbaren Tage der Frau miteinander schlafen und es wird kein Kind gezeugt, so bleibt trotzdem ihre grundsätzliche Offenheit für Kinder und ihr gewolltes Mitwirken an der göttlichen Schöpfungstat bestehen.
Der Gebrauch der künstlichen Verhütungsmittel hingegen trennt die enge Verbindung der beiden Aufgaben des Geschlechtsverkehrs und verweigert die Teilnahme an der göttlichen Schöpfungstat.[4]

5. Homosexualität

"Die Kirche diskriminiert Homosexuelle!"

Wer heute das freizügige Ausleben der Sexualität in Frage stellt, gilt als leib- und lustfeindlich. Schieres Unverständnis, manchmal sogar offener Haß schlägt ihm entgegen. Man könnte meinen, es gäbe so etwas wie ein allgemeines Menschenrecht auf erfüllte Sexualität (was immer man sich darunter vorstellen soll).

◆ Was heißt: "Die Kirche diskriminiert"? Jemanden zu diskriminieren bedeutet doch, ihm die ihm zustehenden Rechte vorzuenthalten. Der Mensch hat aber kein "Recht" auf das Ausleben seiner sexuellen Neigungen. Sexualität ist ein Geschenk Gottes, nicht bloß ein Mittel zum (egoistischen) Zweck.

◆Homosexualität gab und gibt es sicher in allen Zeiten und Kulturen. Die Kirche hat immer den Standpunkt vertreten, daß eine solche Veranlagung keine persönliche Schuld ist. Sie hat aber auf der Grundlage der Bibel, die sie als schlimme Abirrung bezeichnet hat (Gen 19, 1-29; Röm 1, 24-27; 1 Kor 6,10; 1 Tim 1,10), immer klar gesagt, daß homosexuelle Handlungen in sich nicht in Ordnung sind.

Die Verschiedenheit der Geschlechter ist wesentlich notwendig, damit Wert und Würde der Sexualität gewahrt bleiben. Bei homosexuellen Handlungen wird die zweite Aufgabe (s.o.) des Geschlechtsverkehrs, die Weitergabe des Lebens, völlig ausgeschlossen.

◆ Heute wird die These "Homosexualität ist normal!" in den verschiedensten Medien immer wieder propagiert. Es wird behauptet, es sei wissenschaftlich längst erwiesen, daß Homosexualität angeboren sei. Für diese These gibt es aber keinerlei Beweise. Im Gegenteil: Alle ernsthaften wissenschaftlichen Studien sowie die Forschungsergebnisse vieler Psychologen zeigen, daß es erstens keinen wissenschaftlichen Beweis dafür gibt, daß Homosexualität angeboren sei und daß zweitens homosexuelles Verhalten und Gefühle Reaktionen auf bestimmte Situationen, Familienkonstellationen und traumatische Ereignisse sind, die im Verlauf der Lebensgeschichte erworben wurden und aufgearbeitet und überwunden werden können.[5]

◆ Nicht allen Menschen wird das Glück einer Ehe zuteil. Das betrifft nicht nur Homosexuelle – was ist zum Beispiel mit Menschen, die keinen Ehepartner finden? Was ist mit denen, die aus anderen Gründen keine Ehe eingehen können? Sie alle sind dazu verpflichtet, enthaltsam zu leben. Dies ist für viele eine leidvolle, harte Prüfung. Aber es ist ihre Berufung, auf diesem Weg mit der Hilfe Gottes Christus unter das Kreuz nachzufolgen.

◆ Diese Position ist für viele Menschen absolut unverständlich. Man kann es nur vom Glauben her deutlich machen: Jeder Mensch ist zur Christusnachfolge, also auch zur Kreuzesnachfolge, aufgerufen. Das Christentum ist nicht dazu da, uns ein schönes, bequemes Leben zu garantieren. Wir leben noch nicht im Paradies. Das ist manchmal bitter, aber wahr.

◆ Im übrigen ist diese Haltung keineswegs intolerant. Es ist im Gegenteil das gute Recht der Kirche, gewisse Normen zu definieren. Es ist vielmehr extrem intolerant, die Meinung der Kirche in dieser und anderen Fragen schon deswegen zu diffamieren, weil sie von der eigenen Meinung abweicht.

6. Kondome, AIDS und der Papst

"Der Papst verbietet Kondome und verhindert damit den Schutz vor AIDS!"

Die Frage, warum die katholische Morallehre in dem Gebrauch von künstlichen Verhütungsmitteln eine Mißachtung der Gebote Gottes sieht, ist an anderer Stelle bereits beantwortet worden (s.o.).
Dann muß man sagen, daß der Papst schließlich nicht der Weltgesundheitsminister ist. Es ist nicht seine Aufgabe, AIDS-Vorbeugung in der Dritten Welt zu betreiben.
Und schließlich geht die Kritik von der Behauptung aus, daß Kondome ein wirksamer Schutz vor AIDS seien, wie es überall verkündet wird. Das ist aber in Frage zu stellen:

◆ Das Kondom wurde zunächst als schwangerschaftsverhütendes Mittel verbreitet. Allerdings bietet es keinen hundertprozentigen "Schutz" vor einer Schwangerschaft, die Versagerquote liegt bei 2 bis 20 Prozent. Jeder Frauenarzt bestätigt heute: Es gibt keine hundertprozentige Verhütungsmethode!
Diese Versagerquote ist aber viel größer, wenn das Kondom zum Schutz vor einer AIDS-Infektion

benutzt wird – denn während die Frau nur an einigen Tagen des Monats schwanger werden kann, kann eine AIDS-Infektion an jedem Tag erfolgen.

◆ Das Kondom besteht aus natürlichem oder synthetischem Kautschuk, die Dicke der Kondomwand beträgt 0,004 bis 0,008 Millimeter. Wenn man ein Kondom sorgfältig unter einem Mikroskop untersucht, entdeckt man winzige Löcher (zwischen 5 und 50 Mikrometer). Diese Löcher sind durch das Material bedingt. Kein Herstellungsverfahren kann sie vermeiden. Diese Löcher sind für einen Samenfaden, der zur Befruchtung der Eizelle notwendig ist, zu klein. Dieser Samenfaden ist aber 20 bis 30mal dicker und 600mal länger als ein AIDS-Virus. Für ihn stellen diese Löcher eher ein Scheunentor dar: Sie sind 50 bis 500 mal so groß wie der Virus.

◆Unabhängig davon, daß jedes Kondom hitze-, licht- und kälteempfindlich ist, sind außerdem neben Anwendungsfehlern, die jedem passieren können (schließlich ist der Mensch keine Maschine), Materialfehler nicht auszuschließen. Verschiedene Studien belegen, daß 0,8 bis 7,3 Prozent der (zuvor im Labor getesteten) Kondome davon betroffen sind.

◆Wie man sich anhand der zahlreichen dargestellten Risikofaktoren ohne große Mühe denken kann, bedeutet der Gebrauch von Kondomen keinen hundertprozentigen Schutz vor AIDS – er läßt sich wohl eher mit Russischem Roulette vergleichen. Der amerikanische Professor Saleem Farag aus Maine drückte es so aus:

"Der beste Schutz vor AIDS ist immer noch die vor-

und außereheliche Enthaltsamkeit bei Sex."[6]

◆ Das hört man natürlich heute nicht gerne. Daß dies aber trotzdem stimmt, belegen Studien aus den USA: Es wurden Paare untersucht, von denen nur ein Partner AIDS-infiziert war. Bei den Paaren, die sich zur totalen sexuellen Enthaltsamkeit entschlossen hatten, gab es keine einzige HIV-Übertragung. Von den Paaren, die bei Sexualkontakten nur noch Kondome benutzten, waren nach 15 Monaten 10 Prozent der vorher gesunden Partner angesteckt. Bei der dritten Gruppe, die auf Kondome verzichtete, lag die Infektionsrate nach 15 Monaten bei 86 Prozent.[7]

◆ Die katholische Morallehre verbietet nicht deshalb Kondome, weil sie ein zu unsicherer Schutz vor AIDS seien. Sie verbietet sie deshalb, weil künstliche Verhütungsmittel mit der Würde der Sexualität nicht zu vereinbaren sind. Es zeigt sich aber wieder einmal, daß die katholische Morallehre dem Wesen des Menschen und den Erkenntnissen der Wissenschaft voll entspricht.

◆ Aber – wer sich zu dem vor- oder außerehelichen Geschlechtsverkehr entschlossen hat, hat sich damit sowieso gegen die katholische Moral entschieden. Und dann wird die Frage nach dem Kondom und die Diskussion, wie "moralisch" der Gebrauch von Präservativen ist, lächerlich.

7. Bevölkerungsexplosion!?

"Durch die katholische Morallehre wird der Kampf gegen die Bevölkerungsexplosion sabotiert!"

Die Angst vor der Bevölkerungsexplosion ist allgegenwärtig. Es gehört heute schon zum guten Ton, auf die angebliche Überbevölkerung der Erde und ihre Konsequenzen hinzuweisen. Allerdings sollte man die Überbevölkerungsthese kritisch prüfen.[8]
Es soll aber jetzt nicht um die Frage nach der Richtigkeit der Überbevölkerungsthese gehen, sondern um die immer wieder aufgestellte Behauptung, die katholische Morallehre sei schuld an einem zu großen Bevölkerungswachstum.

◆ Die Argumentation der Kritiker ist ziemlich simpel: Da die katholische Morallehre den Gebrauch von künstlichen Verhütungsmitteln verbietet, wächst die Bevölkerung viel zu schnell. Besonders in den Ländern der Dritten Welt werden so viele Probleme (zum Beispiel Hunger, Armut, nicht genug Lebensraum...) verschärft und können nicht gelöst werden.
◆ Diese These ist leicht zu widerlegen. In vielen Ländern der Dritten Welt, in denen es tatsächlich ein großes Bevölkerungswachstum gibt, kann die katholische Morallehre gar keine Rolle spielen, weil die Mehrheit der Bevölkerung überhaupt nicht katho-

lisch ist und sich deshalb auch nicht nach der katholischen Morallehre richtet! Gute Beispiele sind zum Beispiel Indien (2,4 Prozent der Bevölkerung sind Christen) oder China (von 1.158.230.000 Menschen sind 4 Millionen katholisch). Im Sudan sind 8 Prozent der Bevölkerung Katholiken.

◆ Im übrigen sollte man sich vor Verallgemeinerungen hüten. Sprüche wie "In Afrika gibt es eine Bevölkerungsexplosion!" sind einfach falsch. Im Gabun zum Beispiel sind 65 Prozent der Einwohner Katholiken. Auf einer Fläche von 267.667 Quadratkilometern leben aber weniger Menschen als beispielsweise in München oder Hamburg. Das Land benötigt dringend einen Bevölkerungszuwachs, um den wirtschaftlichen Aufschwung weiterzubringen.

◆ Außerdem ist der von den Kritikern angelegte Bewertungsmaßstab falsch. Man muß sich doch fragen: Was wäre, wenn die Leute nach der ganzen katholischen Morallehre leben würden? Zu der ganzen katholischen Morallehre gehören aber beispielsweise auch bei Bedarf Enthaltsamkeit und verantwortete Elternschaft.

◆ Zum Schluß sei noch die Frage erlaubt: Wer gibt den reichen Ländern der "Ersten Welt" eigentlich das Recht, im Neokolonialisten-Stil in das Leben der Menschen in Entwicklungsländern einzugreifen und ihnen vorzuschreiben, wie viele Kinder sie zu bekommen haben? Es ist doch eine grobe Verletzung der Menschenrechte, wenn eine Regierung (wie in China) jeder Familie höchstens ein Kind zugesteht und alle bestraft, die sich nicht daran halten!

8. Anmaßung und Einmischung?

"Der Papst maßt sich an, das Intimleben der Eheleute zu bestimmen!"

Diesem Vorwurf begegnet man häufig, er ist in verschiedenen Versionen verbreitet, im Kern aber immer der gleiche: Der Papst bzw. die Kirche mischt sich in das Leben der Menschen ein und zwingt ihnen bestimmte Moralvorstellungen auf – obwohl doch gerade die Kleriker keine Ahnung von der Ehe haben.

◆ Es ist Unsinn, aus der zölibatären Lebensweise der Priester zu schließen, daß sie keine Ahnung von der Ehe hätten. Ein Arzt muß die Krankheit eines Patienten ja nicht selbst gehabt haben, um sie heilen zu können. Außerdem ist ja jede Ehe verschieden – also kann auch ein Verheirateter immer nur von seiner Ehe ausgehen. Es geht ja nicht um bestimmte Erfahrungen, sondern um moralische Grundsätze und Werte, die man aus der Offenbarung und der Vernunft gewinnt und nicht durch statistische Untersuchungen.

◆ Zu der "Anmaßung" oder "Einmischung" ist schlicht zu sagen: Jawohl! Die Kirche maßt sich an und mischt sich ein. Das ist ihre Aufgabe. Sie setzt sich für ihre Moralvorstellungen ein und fordert den Menschen auf, nach ihnen zu leben. Wenn man ihr daraus einen Vorwurf macht, dann trifft dieser Vorwurf auch alle diejenigen, die sich für etwas einsetzen, weil sie es für richtig halten: Tierschützer, die zum Beispiel gegen den Walfang protestieren, wollen andere Menschen auch von ihren Moralvorstellungen überzeugen, genau wie Gegner der Todesstrafe oder Befürworter der Demokratie. Das ist völlig legitim und sogar geboten, wenn es um Handlungsweisen geht, bei denen ein anderer als der Handelnde betroffen ist und Schaden erleiden könnte.

9. Der Zölibat

"Die Kirche zwingt die Priester zum unmenschlichen Zölibat!"

Der Zölibat – also die christliche Ehelosigkeit, die den freiwilligen Verzicht auf die Befriedigung des Geschlechtstriebes einschließt – ist heute in bestimmten Kreisen besonders verhaßt. Die verschiedenen Vorwürfe gehen alle in die gleiche Richtung: Der Zölibat sei eine einzige Heuchelei, weil die Priester ja sowieso alle eine Freundin hätten oder schwul seien; der Zölibat sei grausam und unmenschlich, da derjenige, der seine Sexualität nicht ausleben könne, krank werde; der Zölibat sei das Machtinstrument der Kirche, um sich die Priester gefügig zu machen usw...

◆ Ohne den christlichen Glauben ist der Zölibat, die Ehelosigkeit um des Himmelreiches willen, nicht zu verstehen. In der Bibel ist die Forderung Christi aber glasklar: Der Glaubende soll seinen Glauben nicht nur mit dem Mund, sondern auch mit Taten bekennen. Die ehelose Lebensform ist eine solche Tat der Nachfolge Christi. Christus ruft bestimmte Menschen auf "Haus oder Frau, Brüder, Eltern oder Kinder" zu verlassen und ihm nachzufolgen (Lk 18,29). Die ehelose Lebensform wird von Christus nicht nur hoch geschätzt und sehr empfohlen ("Wer das erfassen kann, der erfasse es" (Mt 19, 12), er selbst hat ehelos gelebt. Der Zölibat ist die Lebensform des Herrn und auch die der Apostel: "Da sagte Petrus zu ihm: Du weißt, wir haben alles verlassen und sind dir nachgefolgt." (Mk 10, 28; Mt 19, 27)

◆ Der Zölibat hat neben vielen praktischen Vorteilen (zum Beispiel ermöglicht er dem Priester, sich uneingeschränkt – auch zeitlich – seinen Aufgaben widmen zu können) auch eine apostolische Dimension. Er ist Ausdruck des unbedingten Glaubens an ein Leben nach dem Tod, der zölibatär Lebende verläßt sich ganz und gar auf das Wort und die Verheißung Christi, ohne zu befürchten, im Leben etwas zu verpassen. Als Ausdruck eines solchen Glaubens ist und war der Zölibat ein – manchmal unangenehmes – Zeichen für andere. Auch heute.

◆ Man versteht den Zölibat nicht, wenn man ihn als reinen Gegensatz zur Ehe und als bloßen Verzicht sieht. Sowohl die Ehe als auch der Zölibat sind von der Liebe bestimmt. Der Zölibat ist eine Lebensweise der Liebe zu Christus.

Bei dem, der zur Ehelosigkeit berufen ist und der ihren wahren Sinn erkennt und lebt, bleibt also nicht so etwas wie eine "Leere" zurück. Die "Lücke", die durch den Verzicht auf Ehe und Familie entsteht, wird gleichsam durch Gott gefüllt.

Nur dann, wenn man den wahren Sinn des Zölibats nicht sieht oder versteht, kann man von einer grausamen oder unmenschlichen Lebensform sprechen.

◆ Die Kirche zwingt niemanden zum Zölibat. Die Entscheidung zum ehelosen Leben ist eine Entscheidung in Freiheit. Es ist das gute Recht der Kirche, die "Zulassungsbedingungen" zum Priestertum so festzulegen, wie es dem Willen Christi entspricht und sie es für gut hält. Für den, der sich zum Priester berufen fühlt, ist der Zölibat daher ein Prüfstein für die Echtheit der Berufung, für die Bereitschaft zur bedingungslosen Nachfolge Christi, die Voraussetzung für das Priestertum ist. Wer spürt, daß er nicht zur Ehelosigkeit berufen ist, wird daher nicht Priester. Dies kann er frei entscheiden – niemand wird gezwungen.(Es gibt genausowenig einen "Zwangszölibat", wie es "Zwangsfamilien" gibt.)

◆ Oft wird der Vergleich zwischen katholischen Priestern und evangelischen Pastoren angeführt: "Die Protestanten haben schließlich auch keinen Zölibat...". Abgesehen davon, daß die Scheidungsrate bei evangelischen Pastorenehen weitaus höher ist als der Durchschnitt, ist dieser Vergleich völlig schief, denn die Protestanten haben ein Amtsverständnis, das sich von dem der katholischen Kirche grundlegend unterscheidet:

"...Es geht aber noch tiefer, zum dogmatischen Fundament der Amtsfrage. Luther hat den Zölibat aufgehoben. Davon nicht zu trennen ist die Preisgabe des Opferpriestertums. Mit der kultischen Dimension des Amtes steht und fällt der Zölibat in der gesamten Tradition bis Luther. Folgerichtig bricht er nicht nur mit der Dimension des Opferkults, sondern wird ihm auch dann der Zölibat unvertretbar. Nun mag eingewendet werden, die Ostkirche verbinde

gerade einen verheirateten Klerus mit einer ausgeprägten Opfervorstellung. In Wahrheit bestätigt dies gerade die vorgetragene These. Denn die Ostkirche lebt aus einer jahrtausendealten Mystik monumentaler Konsistenz, so daß hier trotz möglicher Priesterehe am Prinzip kultischer Reinheit unbeirrt festgehalten werden kann. Hier wird durch Eisenanker das zusammengehalten, was eigentlich auseinanderführt. Aber gerade dieses Gegengewicht einer nicht hinterfragten Spiritualität gibt es im Westen nicht. Im Gegenteil: Hier verstärkt der protestantische Hintergrund die zentrifugalen Kräfte. Mit der Aufhebung des Zölibats wäre das kultische Moment sofort verschwunden..."[9]

Die Aufhebung des Zölibats in der römisch-katholischen Kirche würde den Zusammenbruch des katholischen Priesterideals nach sich ziehen. Die Folge wären große innerkirchliche Kämpfe, auch eine Kirchenspaltung kann man nicht ausschließen.

10. Der gerechte Krieg

"Wie kann es so etwas wie einen 'gerechten Krieg' geben?"

Dieser Vorwurf bezieht sich auf die Lehre vom gerechten Krieg, die bereits im Mittelalter entwickelt worden ist. Es geht um die Frage, ob ein Krieg gerechtfertigt sein kann – und wenn ja, unter welchen Bedingungen. Die Kirche steht dem Krieg grundsätzlich ablehnend gegenüber und verlangt von den Menschen, sich dafür einzusetzen, daß Kriege vermieden werden.
Der einzige Fall, für den diese Lehre vom gerechten Krieg gilt, ist der Verteidigungsfall.
Wenn alle friedlichen Möglichkeiten zur Schlichtung des Konflikts erfolglos ausgeschöpft wurden, kann man einer Regierung das Recht auf Verteidigung nicht nehmen.

◆ Zunächst muß man klarstellen, daß die Lehre vom gerechten Krieg nicht den Krieg grundsätzlich als "gerecht" werten will. Es geht vielmehr um eine einzige Form: die Verteidigung gegen einen Angriffskrieg.
◆ Diese Verteidigung eines Volkes, die man auch als Notwehr bezeichnen kann, ist auch nur dann gestattet, wenn folgende Bedingungen gegeben sind:
1. Der Schaden, der durch den Angriff zugefügt

wird, muß sicher feststehen, schwerwiegend und von Dauer sein.
2. Alle friedlichen Mittel und Möglichkeiten der Konfliktlösung müssen erschöpft sein.
3. Es muß ernsthaft die Aussicht bestehen, daß die Verteidigung erfolgreich durchgeführt werden kann.
4. Der Gebrauch von Waffen darf nicht zu Schäden führen, die größer als das Übel sind, das es zu beseitigen gilt (vgl.: KKK 2309).

◆ Erst wenn alle diese Bedingungen erfüllt sind, kann man von einem sittlich erlaubten Verteidigungskrieg sprechen.

Man muß natürlich beachten, daß diese Kriterien schon vor langer Zeit aufgestellt wurden. Heute ist ein Krieg mit modernen Waffen (wie Atombomben), die über ungeheure Zerstörungskräfte verfügen, niemals ein gerechter Krieg.

Außerdem lehrt die Kirche ganz klar:

"Jede Kriegshandlung, die auf die Vernichtung ganzer Städte oder weiter Gebiete und ihrer Bevölkerung unterschiedslos abstellt, ist ein Verbrechen gegen Gott und gegen die Menschen, das fest und entschlossen zu verwerfen ist." (KKK 2314).

◆ Zusammenfassend kann man sagen, daß die Lehre vom gerechten Krieg die Bedingungen streng festlegt, innerhalb derer ein Volk das Recht hat, sich gegen einen Angreifer zu verteidigen.

11. Die Todesstrafe

"Die Kirche ist für die Todesstrafe!"

Voller Entrüstung bekommt man es an den Kopf geworfen: "Die Kirche tritt für die Todesstrafe ein!" Dabei heißt doch das fünfte Gebot: Du sollst nicht morden (Ex 20,13)!
(In der Einheitsübersetzung steht der Begriff "töten". Das entsprechende hebräische Wort muß aber im Sinne von morden übersetzt werden.)
Ganz gleich, wie man zur Todesstrafe steht, sollte man die Position der Kirche zu dieser Frage zumindest nachvollziehen können.

◆ Die Kirche tritt nicht für die Todesstrafe ein, so als ob sie etwa den Regierungen die Todesstrafe als geeignetes Mittel des Strafvollzugs ans Herz legen würde. Es geht bei dieser Frage darum, ob man die Todesstrafe grundsätzlich sittlich verantworten kann, oder ob man sie grundsätzlich ablehnen muß. Die Kirche vertritt die Ansicht, daß es die Aufgabe der öffentlichen Gewalt ist, die Gesellschaft, das Gemeinwohl zu schützen. Wer dieses Gemeinwohl durch ein Verbrechen angreift, muß dafür angemessen bestraft werden. Dabei wird die Todesstrafe nicht grundsätzlich ausgeschlossen.
◆ Das fünfte Gebot heißt: "Du sollst nicht morden!" Aber verstößt nicht der, der in Notwehr handelt und

einen Angreifer tötet, gegen dieses Gebot? Nein, denn die Handlung des Verteidigers hat hier zwei Wirkungen: Zum einen wird das eigene Leben gerettet, zum anderen wird der Angreifer getötet. Dabei ist nur die erste Wirkung (die Rettung des eigenen Lebens) gewollt, die zweite (der Tod des Angreifers) ist nicht gewollt. Deshalb verstößt der, der einen Angreifer in Notwehr tötet, auch nicht gegen das fünfte Gebot.

Wenn es um das eigene Wohl oder um das Wohl der Personen geht, für die man verantwortlich ist, ist die Notwehr nicht nur ein Recht, sondern auch eine sittliche Verpflichtung.

Der Staat hat eine solche Verpflichtung gegenüber der Gesellschaft. Deshalb verstößt die Todesstrafe (wenn man sie bei entsprechend schwerwiegenden Vergehen als eine solche Notwehr versteht) nicht gegen das fünfte Gebot.

◆ Die Position der Kirche heißt aber nicht: auf jeden Fall und überall die Todesstrafe – ganz im Gegenteil: Zunächst betont die Kirche, daß der Sinn der Strafe darin besteht, die durch das Vergehen entstandene Unordnung wieder gutzumachen. Der Bestrafte soll sie als Sühne verstehen. Die Verhängung von Strafen soll die öffentliche Ordnung aufrechterhalten und dazu beitragen, daß der Schuldige sich bessert.

◆ In der vor kurzem veröffentlichten Fassung des Lateinischen Katechismus der Katholischen Kirche wird diese Haltung nochmals verdeutlicht: Die Anwendung der Todesstrafe kann nicht ausgeschlossen werden, *"wenn diese der einzige Weg ist, das*

Leben von Menschen wirksam gegen einen ungerechten Angreifer zu verteidigen" (Nr. 2267). Daß die Fälle, in denen die Todesstrafe unerläßlich ist, heute sehr selten sind, wird unter Bezugnahme auf eine Stelle in der Enzyklika *"Evangelium vitae"* von Papst Johannes Paul II. von 1995 in der Fortsetzung der Nr. 2267 beschrieben. Dort heißt es, daß die Kirche die unblutigen Mittel, mit denen einem Aggressor, der die öffentliche Ordnung und Sicherheit der Menschen gefährdet, entgegengetreten werden kann, vorzuziehen sind, weil sie den konkreten Bedingungen des Gemeinwohls und der Menschenwürde angemessener sind. Außerdem seien *"die Fälle einer absoluten Notwendigkeit der Beseitigung des Schuldigen heute in der Tat ‚schon sehr selten oder praktisch überhaupt nicht mehr gegeben'."*

◆ Papst Johannes Paul II. hat bei vielen Anlässen immer wieder betont, daß die Todesstrafe heute nicht mehr als angemessenes Mittel des staatlichen Strafvollzugs zu bewerten ist und sich unmißverständlich für die Abschaffung und Ächtung der Todesstrafe eingesetzt, weil das menschliche Leben, auch das des Sünders und Kriminellen, immer einen unschätzbaren Wert darstellt. Bei seiner Reise in die Vereinigten Staaten (Januar 1999) bezeichnete er die Todesstrafe als *„blutig und unnötig"*, weil die moderne Gesellschaft heute über andere Mittel des Selbstschutzes verfügt, ohne Verbrechern endgültig die Chance einer Änderung zu verweigern.

12. Die Problematik der Ehescheidung

"Warum ist die Kirche gegen die Ehescheidung? Und warum dürfen wiederverheiratete Geschiedene nicht zur Kommunion gehen?"

Dieses Thema ist sehr emotionsbeladen. Kritiker führen in Gesprächen oft Beispiele an, in denen die Kirche als eine grausame, kalte und unbarmherzige Institution dargestellt wird. Um die Haltung der Kirche verstehen zu können, muß man sich dem Thema auf einer objektiven, sachlichen Ebene nähern. Entscheidend ist bei dieser Frage, daß der Hintergrund deutlich gemacht wird.

◆ Wie bereits angeführt wurde (s.o.), ist die Ehe ein Sakrament, in dem das gegenseitige Versprechen der Eheleute von Gott besiegelt wird. Gott selbst stellt sich als Grundlage für die Ehe zur Verfügung, er wird in den Bund zwischen Mann und Frau mit hineingenommen. Aus diesem Grund ist die gültig geschlossene Ehe nicht mehr rückgängig zu machen – sie ist unauflöslich (Mt 19, 3-12).

◆ Im Alten Testament kannten die Juden die Ehescheidung. Christus aber sagt ganz eindeutig: *"Wer seine Frau aus der Ehe entläßt und eine andere hei-*

ratet, begeht Ehebruch; auch wer eine Frau heiratet, die von ihrem Mann aus der Ehe entlassen worden ist, begeht Ehebruch." (Lk 16,18; vgl. auch Mt 10,11-12).

◆ Es kann passieren, daß eine Situation eintritt, in der ein eheliches Zusammenleben nicht mehr möglich ist. Dann können die Eheleute sich trennen, im Extremfall auch scheiden lassen. Die vor Gott geschlossene Ehe ist aber auch nach einer zivilen Scheidung noch in Kraft.

◆ Wenn nun einer der geschiedenen Ehepartner wieder heiratet, bricht er öffentlich das bestehende Eheband. Er befindet sich in einer Situation, die dem göttlichen Gesetz objektiv widerspricht. Er wird deshalb nicht exkommuniziert, wie oft behauptet wird. Aber er ist deshalb vom Kommunionempfang ausgeschlossen und darf auch bestimmte kirchliche Aufgaben nicht mehr übernehmen. Das ist keine Diskriminierung – denn es gibt ja nicht so etwas wie ein allgemeines Menschenrecht auf den Kommunionempfang. Es ist vielmehr das gute Recht der Kirche, die Bedingungen, unter denen der Empfang der Hl. Kommunion möglich ist, festzulegen (so darf man zum Beispiel nicht kommunizieren, wenn man eine schwere Sünde begangen hat, ohne diese vorher zu beichten). Kardinal Ratzinger äußerte sich dazu in seinem jüngsten großen Interview ebenfalls zu dieser Frage: *"Ich denke, diese Last kann dann getragen werden, wenn zum einen sichtbar wird, daß es auch andere Leute gibt, die nicht kommunizieren dürfen. Das Problem ist eigentlich erst dadurch so drama-*

tisch geworden, daß die Kommunion gleichsam ein sozialer Ritus ist und man dann wirklich gebrandmarkt ist, wenn man hier nicht dabei ist. Wenn wieder sichtbar wird, daß viele Menschen sich sagen müssen, ich habe etwas auf dem Kerbholz, ich kann so, wie ich jetzt bin, nicht hingehen, und wenn, wie der heilige Paulus sagt, auf diese Weise wieder die Unterscheidung des Leibes Christi geübt wird, wird das sofort anders aussehen."[10]

◆Die einzige Möglichkeit, sich durch das Sakrament der Beichte wieder auszusöhnen, besteht dann, wenn die betreffende Person bereut, die geschlossene Ehe gebrochen zu haben und sich verpflichtet in der neuen Lebensgemeinschaft in vollständiger Enthaltsamkeit zu leben.

Also: Die gültig geschlossene Ehe ist als Sakrament unauflöslich. Wenn in einer solchen Ehe die Schwierigkeiten so groß werden, daß ein eheliches Zusammenleben nicht mehr möglich ist, können sich die Ehepartner zeitweise trennen oder ganz scheiden lassen. Trotzdem bleibt aber das Eheband bestehen.
Wenn nun einer der Ehepartner eine neue, zivile Ehe eingeht, begeht er öffentlich Ehebruch und lebt objektiv dem göttlichen Gesetz zuwider.
Der Empfang der Hl. Kommunion ist aber an bestimmte Bedingungen gebunden. Wenn man eine schwere Sünde begangen hat, muß man sie beichten, bevor man kommunizieren darf. Die Beichte setzt aber voraus, daß man die Sünde als solche erkennt

und bereut, das heißt den festen Willen hat, nicht mehr zu sündigen.
Die geschiedenen Wiederverheirateten können nur dann wieder zum Kommunionempfang zugelassen werden, wenn sie diese Bedingungen erfüllen, das heißt: wenn sie sich zur völligen Enthaltsamkeit verpflichten.

◆ Diese Haltung ist vielen Menschen unverständlich, weil sie konsequent und unbequem ist. Gott nimmt den Menschen ernst. Und die Nachfolge Christi, das christliche Leben, ist leider nicht immer einfach. Wir kommen in unserem Leben um schmerzliche und leidvolle Erfahrungen nicht herum. Menschen, die ein solches Schicksal tragen müssen, brauchen unser Gebet und unsere christliche Solidarität. Es geht keinesfalls darum, sie zu verurteilen oder zu verdammen.

III.
Glaubensfragen

1. Einleitung

In diesem Kapitel geht es um einige allgemeinere Anfragen, die oft an den katholischen Glauben gerichtet werden.
Im ersten Punkt wird das Verhältnis von Glaube und Naturwissenschaft untersucht. Viele Mißverständnisse entstehen dadurch, daß man Möglichkeiten und Grenzen der
modernen Naturwissenschaft nicht deutlich genug vom Bereich des Glaubens abgrenzt.

Anhand der Themen "Hl. Schrift – Tradition", "Kirche" und "Papsttum" werden einige "katholische Schwerpunkte" behandelt, die für das Verständnis des katholischen Glaubens unerläßlich sind.

2. Glaube und Naturwissenschaft

"Der Glaube widerspricht doch der modernen Naturwissenschaft!"

Naturwissenschaft und Glaube – sind das nicht zwei völlige Gegensätze? Der ständige Fortschritt auf naturwissenschaftlichem Gebiet scheint die meisten Glaubensaussagen längst als veraltete, überholte Märchen entlarvt zu haben. Als typisches Beispiel wird die Schöpfungsgeschichte angeführt.

◆ Was sind Zweck und Aufgabe der Naturwissenschaften? Sie erforschen die Natur, den Menschen und seine Umwelt. Dabei beziehen sie sich auf sinnlich wahrnehmbare Gegenstände. Die Erkenntnisse, die sie gewinnen, beruhen auf Erfahrungen, auf Versuchen, die gemacht werden, auf Experimenten, die wiederholbar sein müssen.
Der Bereich des Glaubens, die Frage nach der Existenz Gottes, gehört aber zu einem anderen, nämlich dem religiösen Bereich, den man auch als den transzendenten Bereich bezeichnet.
Das Wort "Transzendenz" bedeutet, daß es um Dinge geht, die unseren sinnlich wahrnehmbaren und erfahrbaren Lebensbereich überschreiten.
Die Naturwissenschaft, die sich ja – wie der Name schon sagt – mit dem natürlichen, sinnlich wahr-

nehmbaren Lebensbereich beschäftigt, kann also gar keine Aussagen über den religiösen, transzendenten Bereich machen. Man kann mit physikalischen, chemischen, biologischen oder mathematischen Methoden weder beweisen, daß es Gott gibt, noch belegen, daß es ihn nicht gibt. Über die Existenz Gottes und den Glauben sind in diesem Sinne keine naturwissenschaftlichen Aussagen möglich.

◆ Auch die Gegensätze, die man gerne zwischen manchen Aussagen der Bibel und naturwissenschaftlichen Erkenntnissen sieht, sind nur scheinbare. So wird in der Bibel von der Erschaffung der Welt in sieben Tagen berichtet (Gen 1-3). Es handelt sich hier aber nicht um ein naturwissenschaftliches Protokoll, sondern um ein Glaubensdokument, das mit verschiedenen Bildern und Symbolen verdeutlicht, daß Gott die Welt und den Menschen geschaffen hat.

◆ Die Aussagen des Schöpfungsberichtes (Gott hat die Welt und den Menschen geschaffen), steht also nicht im Widerspruch zu irgendwelchen naturwissenschaftlichen Hypothesen über die Entstehung des Universums und der Erde, es könnte zum Beispiel sein, daß Gott die Welt durch den "Urknall" geschaffen hat. Die Naturwissenschaft kann die Frage, ob die Welt von Gott geschaffen wurde, nicht beantworten, weil sie sich ja nicht mit dem religiösen, transzendenten Bereich beschäftigt.

◆ Im übrigen existieren ja bis heute keine "Beweise" über den Ursprung und die Entstehung der Erde. Die Naturwissenschaftler haben zwar eine ganze Menge Hypothesen ("Urknall etc...), die aber eben nur Hypothesen sind – oft aber als Tatsachen verkauft werden. Es stände manchem Naturwissenschaftler gut zu Gesicht, die eigenen Hypothesen auch als solche auszugeben und etwas "bescheidener" aufzutreten.

3. Die Bibel und die Tradition

"Vieles von dem, was man glauben muß, steht doch gar nicht in der Bibel!"

Viele Aussagen des Glaubens werden deshalb abgelehnt, weil sie scheinbar keine Begründung in der Bibel (im Neuen Testament) besitzen. Anders als bei den Protestanten, die sich nur auf die Bibel beziehen, kennt der katholische Glaube zwei Stützen, zwei Glaubensquellen: die Hl. Schrift und die Tradition.

◆ Der Begriff "Tradition" hat heute oft einen unangenehmen Beigeschmack. Er wird mit Assoziationen wie "veraltet", "überholt" oder "altertümlich" belegt. Tradition bedeutet aber nicht die Schwärmerei nach vergangenen Zeiten, mit diesem Begriff ist vielmehr die Weitergabe von geistigen Gütern gemeint, die als wahr und richtig erkannt wurden. In diesem Sinn ist menschliches Leben ohne Tradition undenkbar. Kultur und Wissenschaft, der Fortschritt auf allen menschlichen Lebensbereichen, sind ohne die Weitergabe geistiger Güter von Generation zu Generation nicht möglich. Auch hat jeder einzelne Mensch seine Tradition, seine Geschichte, aus der seine Identität erwächst, seine Vergangenheit, aus der er sich immer weiter entwickelt und immer mehr lernt.

◆ Auch für die Weitergabe des Glaubens ist eine solche Tradition notwendig. Viele Menschen haben die falsche Vorstellung, daß die Bibel zuerst dagewesen ist und dann die Kirche irgendwann später dazukam. Die Bibel ist aber nicht vom Himmel gefallen. Zuerst war die Kirche da, die Christus gegründet hat. Die Schriften des Neuen Testaments sind dann aus der Überlieferung, der Tradition der Kirche hervorgegangen. Ein Sprichwort sagt: "Aus der Bibel kann man alles beweisen und auch das Gegenteil!" In gewisser Weise stimmt das. Die Bibel ist nämlich kein Gesetzbuch, in dem die Glaubenslehre nach Paragraphen aufgelistet wird. Man muß sie interpretieren. Es kommt nur darauf an, die richtige Interpretation zu finden. Wir finden sie in der Tradition: Die Interpretation der Verfasser und der ersten Christen wurde neben den Texten der Schrift immer weitergegeben und wird bis heute in der Kirche bewahrt.

◆ In der Tradition kommt nichts Neues zu der Offenbarung Gottes durch Christus hinzu. Aber das Vorhandene wird immer weiter interpretiert und ausgefaltet. Die theologischen Wissenschaften dringen immer tiefer in den im Neuen Testament zugrundegelegten Glauben ein und entfalten ihn immer mehr. Damit sich in diesem Prozeß keine falschen Interpretationen durchsetzen können, hat Christus die Kirche mit einer Art Schutzfunktion ausgestattet: dem kirchlichen Lehramt, dessen Inhaber der Papst und die Bischöfe in Unterordnung unter den Papst sind. Das Lehramt bewahrt die Weitergabe des Glaubens und seine Ausfaltung.

◆ Deshalb gibt es auch verschiedene Glaubensaussagen, die man nicht wörtlich in der Bibel vorfinden kann. Sie sind im langen Prozeß der Glaubensentfaltung erkannt worden. Das Lehramt der Kirche garantiert, daß es sich nicht um irgendwelche Zusätze oder Fehlinterpretationen handelt, sondern um die authentische Interpretation des Glaubens.

4. Christus und die Kirche

"In der Bibel steht nirgendwo, daß Christus die Kirche gegründet hat!"

In diesem Punkt geht es um eine wichtige Frage des katholischen Glaubens. Oft hört man die falsche Ansicht, daß Christus die Kirche gar nicht gegründet habe, sondern daß sie eine spätere, rein menschliche Institution sei, die irgendwann in den ersten Jahrhunderten entstanden sei.
Auch im Unterschied zum protestantischen Kirchenverständnis, das von einer unsichtbaren Kirche mit einer rein menschlichen Organisation ausgeht, bekennt der katholische Glaube, daß Jesus Christus die sichtbare, mit einer Hierarchie ausgestattete Kirche gewollt und gestiftet hat.

◆ Die Kirche ist von Christus nicht in einem Akt (nach dem Motto: "Jetzt gründe ich die Kirche"), sondern stufenweise gegründet worden. In der Zeit des öffentlichen Wirkens Christi wurde sie vorbereitet, in seinem Opfertod am Kreuz vollendet und mit der Sendung des Hl. Geistes am Pfingstfest trat sie in die Öffentlichkeit. Das Pfingstfest ist der "Geburtstag" der Kirche.
◆ Jesus wollte eine neue religiöse Gemeinschaft, die er als "seine Kirche" bezeichnet: "Ich aber sage dir: Du bist Petrus, und auf diesen Felsen werde ich

meine Kirche bauen, und die Mächte der Unterwelt werden sie nicht überwältigen." (Mt 16.18).

◆ Für diese neue Gemeinschaft sammelte er Jünger (Mt 4,18ff) und wählte aus ihnen zwölf Apostel aus (Mk 3,14f). Diese Apostel bereitete er auf ihr Amt vor (Mk 4,34; Mt 13, 52) und übertrug ihnen verschiedene Vollmachten (Gewalten):

- die Binde- und Lösegewalt (= die gesetzgebende, richterliche und strafende Gewalt): Mt 18, 17f.
- die Vollmacht, die Eucharistie zu feiern: Lk 22, 19.
- die Vollmacht, Sünden zu vergeben: Joh 20,33.
- die Vollmacht zu taufen: Mt 28,19.

◆ Er sendet die Apostel in die Welt hinaus (Mt 28,19f; Mk 16,15f; Joh 20,21).

◆ Zum Leiter der Kirche und Haupt der Apostel wird Petrus bestellt (Mt 16,18; Joh 21, 15-17). Die Apostel waren die ersten Bischöfe. Auch heute lebt dieses apostolische Amt in den Bischöfen und besonders im Papst fort. Diese ungebrochene Folge nennt man "Apostolische Sukzession".

◆ Christus selbst ist aber nicht losgelöst von seiner Kirche – er steht mit ihr in engster Verbindung. So wird er als Eckstein (Eph 2,20) und als Haupt der Kirche (Eph 5,23; 1 Kol 1,18) bezeichnet. Die Kirche ist sein Eigentum, er hat sie mit seinem Blut erworben (Apg 20,28), sie ist seine Braut (Eph 5, 25-27).

◆ Die Kirche ist also nicht "später" dazugekommen. Sie wurde von Christus gewollt und er hat sie – nicht in einem Akt, sondern in verschiedenen Stufen – gegründet.

5. Jesus ohne Kirche?

"Jesus ja – Kirche nein!"

Diesen Slogan gibt es schon lange. Und er scheint seine Anziehungskraft nicht verloren zu haben. "Jesus Christus – ja, das war ein toller Mensch, ein richtiges Vorbild. Er hat sich für die Armen und Schwachen eingesetzt. Aber mit der Kirche – nein, danke! Mit der will ich nichts zu tun haben!" So oder ähnlich denken viele Menschen.

◆ Eben haben wir beschrieben, daß Christus die Kirche gegründet hat. Er wollte, daß seine Sendung, sein Auftrag, sein Erlösungswerk fortgesetzt wird. Aus diesem Grund hat er die Apostel – die ersten Bischöfe – berufen: "Wie mich der Vater gesandt hat, so sende ich euch!" (Joh 20, 21). Wenn wir die biblischen Berichte ernst nehmen, so können wir an der engen Verbindung von Christus und der Kirche nicht vorbei. Christus wollte, daß die Kirche das "Bindeglied" zwischen Menschen und Gott wird.

◆ Außerdem ist es ja die Kirche, die uns den Glauben weitergegeben hat. Ohne sie wüßten wir gar nichts von Christus.

◆ Hinter diesem Slogan steckt oft auch ein einseitiges Bild von Christus. Es ist zwar sehr bequem, sich nur einige Aspekte herauszugreifen ("Jesus, ein Mensch mit hohen Idealen", "Jesus, der sich für die Armen einsetzte"...) und andere unter den Tisch fallen zu lassen (zum Beispiel: Jesus, der uns zur Kreuzesnachfolge aufruft). So darf man aber nicht mit der Bibel umgehen (dies wäre eine willkürliche Interpretation, s.o.). So von Christus zu sprechen und dabei die Kirche nicht zu berücksichtigen hieße, Christus nicht gerecht zu werden und seinen Willen zu mißachten.

6. Die päpstliche Unfehlbarkeit

"Wie kann ein Mensch unfehlbar sein?"

Die Unfehlbarkeit des Papstes ist ein Quell ständiger Kritik an der Kirche. Immer wieder taucht sie in den verschiedensten Formen auf. Dabei wissen die Kritiker oft gar nicht so genau, was mit der Lehre von der Unfehlbarkeit eigentlich gemeint ist.

◆ Die Lehre von der Unfehlbarkeit meint nicht, daß der Papst in allen Äußerungen unfehlbar wäre, daß er sich also nie irren könne. Es hat in der Kirchengeschichte leider auch Päpste gegeben, die alles andere als unfehlbar waren. Die Unfehlbarkeit ist auch kein Verdienst des Papstes. Er ist nicht deshalb unfehlbar, weil er ein besonders guter Mensch wäre. Die Unfehlbarkeit geht auf Christus zurück und ist sein Geschenk.

◆ Das I. Vatikanische Konzil definierte die päpstliche Unfehlbarkeit 1870 so: *"Wenn der römische Bischof ex cathedra spricht, das heißt, wenn er in Ausübung seines Amtes als Hirt und Lehrer aller Christen kraft seiner höchsten apostolischen Amtsgewalt endgültig entscheidet, daß eine Glaubens- oder Sittenlehre in der gesamten Kirche festzuhalten ist, so besitzt er auf Grund des göttlichen Beistandes, der ihm im hl. Petrus verheißen ist, jene Unfehlbarkeit, mit welcher der göttliche Erlöser seine Kirche in der endgültigen Entscheidung über eine Glaubens- oder Sittenlehre ausgestattet wissen wollte."*

◆ Eine unfehlbare Aussage kommt also nur dann zustande, wenn der Papst für die ganze Kirche etwas für immer klären will, das entweder mit einer Glaubenswahrheit oder mit einem Gebot der christlichen Moral zusammenhängt und wenn er dies in der feierlichen Form einer sogenannten *"ex cathedra"*-Erklärung verkündet.

◆ Man darf sich das aber nicht so vorstellen, daß der Papst irgendwelche Privatmeinungen als unfehlbar verkündet. Als unfehlbar werden Glaubenswahrheiten verkündet, die schon jahrhundertelang von der Kirche geglaubt worden sind (der Glaube wird ja immer weiter ausgefaltet, s.o.) – es handelt sich also um die endgültige Definition des schon immer vorhandenen Glaubens und nicht um eine "Neuschöpfung".

◆ Christus hat der Kirche dieses unfehlbare Lehramt in Petrus, dem ersten Papst, übertragen: *"Simon, Simon, der Satan hat verlangt, daß er euch wie Weizen sieben darf. Ich aber habe für dich gebetet, daß dein Glaube nicht erlischt, und wenn du dich wieder bekehrt hast, dann stärke deine Brüder"* (Lk 21, 31-32); *"Du bist Petrus (der Fels), und auf diesen Felsen werde ich meine Kirche bauen, und die Mächte der Unterwelt werden sie nicht überwältigen. Ich werde dir die Schlüssel des Himmelreiches geben; was du auf Erden binden wirst, das wird auch im*

Himmel gebunden sein, und was du auf Erden lösen wirst, das wird auch im Himmel gelöst sein" (Mt 16, 18-19); *"Weide meine Lämmer! Weide meine Lämmer! Weide meine Schafe!"* (Joh 21, 15-17).

◆Auch wenn die Unfehlbarkeit erst 1870 definiert wurde, so war sie doch von Anfang an Bestandteil des Glaubens – schon die Kirchenväter wie Hieronymus oder Augustinus kannten sie – und die Erkenntnis über diese Lehre wuchs im Laufe der Jahrhunderte immer mehr.

◆ Der Unfehlbarkeit des päpstlichen Lehramtes ist es zu verdanken, daß der gesamte Glaube unversehrt durch die Jahrhunderte getragen wurde, ohne sich dem jeweils herrschenden "modernen" Zeitgeist anzupassen. Wenn wir nicht die päpstliche Unfehlbarkeit hätten, wäre jeder sein eigener Papst und würde die Bibel so interpretieren, wie es ihm gefiele. Die Einheit des Glaubens hätte sich bald aufgelöst – das sieht man bei den Protestanten: Es gibt nicht etwa eine evangelische Kirche, sondern über 300 (!) verschiedene protestantische Glaubensrichtungen.

IV. Frauenfragen

1. Einleitung

Das Thema "Frauen in der Kirche" ist heute einer der emotionsbeladensten Diskussionspunkte. Besonders schwierig wird die Argumentation dadurch, daß die Grundthese "Die Frau wird in der Kirche unterdrückt" immer stillschweigend vorausgesetzt wird. Von dieser ideologischen Grundthese aus wird dann die Bibel und die Kirche betrachtet – und schon glaubt man, "frauenfeindliche" Texte in der Hl. Schrift zu entdecken, oder man wertet die Tatsache, daß Frauen nicht Priester werden können, als "frauenfeindlich".
Bevor man sich also in Diskussionen auf Einzelpunkte (zum Beispiel die Forderung nach dem Priestertum der Frau) einläßt, muß man diese Grundthese korrigieren. Im zweiten Schritt kann man dann den einzelnen Vorwürfen begegnen.

2. Frauen in der Kirche

"Die Frau wird doch in der Kirche unterdrückt!"

Diese These scheint zu einem Grunddogma unserer Zeit geworden zu sein: "Die machtbesessene Männerkirche verbietet den Frauen nicht nur das Priestertum, die Frau ist – angefangen beim Neuen Testament – doch ständig unterdrückt und diskriminiert worden. Katholische Kirche und Unterdrückung der Frau bedeuten doch ein und dasselbe!"

◆ Die kirchliche Position kann man mit dem Grundsatz: 'Mann und Frau sind gleichwertig, aber nicht gleichartig' skizzieren.
Wenn man von der Natur des Menschen ausgeht, findet man diese Wahrheit bestätigt: Nicht nur auf dem Gebiet des Biologischen, auch im geistigen Bereich findet sich eine Verschiedenheit der Geschlechter, die naturgegeben und nicht nur durch Erziehung und Umwelteinflüsse erklärbar ist. Dies belegen die Untersuchungen der modernen Psychotherapie (zum Beispiel bei Christa Meves).
◆ Im Schöpfungsbericht des Alten Testaments wird dies ebenfalls bestätigt: Gott schuf den Menschen nach seinem Ebenbild als Mann und Frau (Gen 1,27). Als Geschöpfe Gottes haben Mann und Frau den gleichen Wert und die gleiche Würde. Sie sind

gleichwertig, aber nicht gleichartig – dabei wird jede Diskriminierung ausgeschlossen. In den weiteren Berichten des Alten Testaments wird gezeigt, wie diese gottgewollte harmonische Ergänzung der Geschlechter durch die Sünde zerstört wird. Zum Beispiel erlaubt Moses den Männern die Scheidung (Dtn 42,1). Zur Zeit Jesu ist die Benachteiligung der Frau im Judentum sehr groß.

◆ Christus selbst hat aber diese Situation revolutionär durchbrochen. Frauen begleiteten ihn auf seinen Wanderungen (Lk 8, 1-3) und führten mit ihm religiöse Gespräche (Joh 4, 27). Frauen folgten ihm bis unter das Kreuz (Mk 15,40f). Schließlich hebt Christus die mosaische Scheidungserlaubnis wieder auf und schärft die Unauflöslichkeit der Ehe ein (Mk 10, 2-12), was besonders die Frauen schützte und absicherte.

◆ Auch die zentrale Bedeutung der Gestalt Marias, der Mutter Jesu, zeigt ganz deutlich, daß die Frau keineswegs eine untergeordnete Rolle im Glauben und Leben der Kirche gespielt hat.

◆ Im Laufe der Jahrhunderte traten in der Kirche immer wieder große Frauen auf: gelehrte Wissenschaftlerinnen wie Hildegard von Bingen, Mystikerinnen wie Theresia von Avila (eine der größten geistlichen Schriftstellerinnen, die auch "aktiv" war und Hunderte von Klöstern gründete) und mutige Frauen wie Katharina von Siena, die sich in Krisenzeiten auch schon mal mit dem Papst angelegt hat.

◆ Im Mittelalter waren die adeligen Frauen meist gebildeter als ihre Männer. Seit dem 12. Jahrhundert gab es die ersten weiblichen Professoren an den päpstlichen Universitäten (während der Philosoph Immanuel Kant noch mehrere Jahrhunderte später – in der Aufklärung! – die Wissenschaft allein den Männern vorbehalten wollte).

◆ Schließlich darf man nicht vergessen, daß durch die Reformation eine sehr negative Entwicklung für die Frau begann: Durch die Ablehnung der Marienverehrung und der Stellung Marias in der Heilsgeschichte wurde eine rein männliche religiöse Symbolwelt geschaffen. Unter dem Einfluß der Lehre Luthers, nach der der Geschlechtstrieb unbeherrschbar sei, wurde die Frau in Ehe und Mutterschaft gezwängt – vom Ordensleben, das Frauen so viele Möglichkeiten wissenschaftlichen, kulturellen und politischen Wirkens gegeben hatte, hielten die Reformatoren nicht viel.

◆ Wenn man die Kirchengeschichte so objektiv untersucht, so muß man zu dem Schluß kommen, daß es sich nicht um die Geschichte der Unterdrückung der Frau handelt. Im Gegenteil – gerade die katholische Kirche hat die biblisch begründete Gleichwertigkeit von Mann und Frau – auch gegen den Zeitgeist – immer wieder deutlich gemacht.

3. Priestertum der Frau?

"Warum dürfen Frauen nicht Priester werden?"

Die angebliche Unterdrückung und Diskriminierung der Frau in der Kirche wird vor allem daran festgemacht, daß Frauen nicht zu Priestern geweiht werden können. Die Argumente sind beinahe unerschöpflich: Heute könne Frauen doch auch in allen anderen Berufen arbeiten! In der evangelischen Kirche gibt es doch schon lange Pastorinnen (in der anglikanischen und altkatholischen seit kurzem) – und was Männer da tun, können Frauen doch wohl auch! Den Frauen wird ihr gutes Recht vorenthalten, sie können sich nicht voll verwirklichen usw...

◆ "Diskriminierung" bedeutet, daß man jemandem ungerechterweise sein Recht vorenthält. Die Priesterweihe ist aber kein solches allgemeines Recht: Es können ja auch nicht alle Männer Priester werden! Auch die Apostel hatten kein Recht dazu. Das Priestertum setzt nämlich eine Berufung durch Christus voraus, der die beruft, die er will (Mk 3,13ff). Es ist also falsch, von Diskriminierung zu sprechen.

◆ Wenn die Kirche nur Männer zum Priestertum zuläßt, so folgt sie dabei dem Vorbild und Beispiel Christi: Er hat die priesterlichen Aufgaben nur den zwölf Aposteln übertragen. Dagegen sagt man: "Ja, aber Christus wollte doch eigentlich auch Frauen zu

Priestern machen, er konnte das nur nicht, weil die Frauen damals nicht von der Gesellschaft als Priesterinnen akzeptiert worden wären. Heute ist das anders." Daß Jesus im Umgang mit Frauen ein für die damalige Gesellschaft revolutionäres Verhalten zeigte, haben wir schon besprochen (s.o.). Er hat sich in keiner Weise von den Vorurteilen der konventionellen jüdischen Gesellschaft beeindrucken lassen. Warum sollte er ausgerechnet bei dieser Frage falsche Rücksichten nehmen? Und außerdem muß man sich davor hüten, die Antike mit dem Urteil "frauenfeindlich" zu belegen: In der antiken Welt gab es sehr wohl so etwas wie eine Frauenemanzipationsbewegung: Frauen waren in der hellenistischen Kultur zum Beispiel Reederinnen, Betriebschefinnen, Ärztinnen, Philosophinnen usw... In den verschiedenen heidnischen Religionen waren Priesterinnen bekannt und akzeptiert.

◆ Auch der Vergleich mit den Protestanten ist schief: Sie kennen kein Sakrament der Priesterweihe. Zwischen einem protestantischen Pastor und einem katholischen Priester bestehen fundamentale Unterschiede. Außerdem gibt es im Protestantismus nach wie vor Auseinandersetzungen um die Frauenordination, vor allem im Hinblick auf die Paulusbriefe.

◆ Der katholische Priester repräsentiert Christus. Das wird am deutlichsten, wenn er "in der Person Christi" in der Feier der Heiligen Messe die Wandlungsworte spricht: "Das ist mein Fleisch, das ist mein Blut."

Hier ist die Symbolik zu beachten: Der Priester

repräsentiert Christus, den neuen Adam, während die übrigen Gläubigen die Kirche, die Braut Christi zusammen mit Maria, der neuen Eva, der Mutter Christi und der Kirche repräsentieren.

◆ Ein anderes Argument sagt, daß in der Urkirche Frauen das Diakonat erlangen konnten. (Das Diakonat bildet zusammen mit der Priester- und Bischofsweihe das eine Weihesakrament in drei Stufen, deshalb wird auch die Diakonenweihe nur Männern erteilt.) Wie die neuesten Forschungsergebnisse zeigen, gab es aber kein eigentliches "Diakonissenamt": Frauen, die seit dem 3. Jahrhundert als Diakonissen wirkten, hatten andere (zum Beispiel caritative) Aufgaben als die Diakone; es gab ein eigenes Weihegebet außerhalb des Weihesakraments. Man kann diese Diakonissen als Vorläufer der später entstandenen Frauenorden bezeichnen.

◆ Es lassen sich also weder in dem klaren Willen Christi noch in den Anfängen der Kirche Hinweise für das Frauenpriestertum finden. Da dieser klare positive Beweis für die Möglichkeiten des Frauenpriestertums sowohl in der Hl. Schrift als auch in der Tradition gänzlich fehlt, kann die Kirche keine Frauen zu Priestern weihen, ohne gegen ihren eigenen Glauben zu handeln: *"Der Vollzug der Sakramente als Heilsmittel des Neuen Bundes, vor allem die Darbringung des Meßopfers, ist die entscheidende Aufgabe, der zentrale Dienst des katholischen Priesters. Da es ohne Sakramente keine Kirche gibt, gibt es sie auch nicht ohne das wahre Priestertum. Die Kirche hat diese Geschenke des Herrn sorgfältig zu bewahren und zu überliefern...Solange nicht mit absoluter Sicherheit feststeht, daß sich das Priestertum der Frau durch Schrift und Tradition legitimieren läßt, darf es nicht eingeführt werden, da ansonsten die gültige Spendung wichtiger Sakramente und damit das ganze Leben der Kirche gefährdet würde."* [11]

◆ Außerdem: Wer vom Papst verlangt, das Frauenpriestertum einzuführen, vertritt die naive Meinung, der Papst könne – wie ein absolutistischer Willkürherrscher – alles anordnen, was er will oder was man von ihm fordert (Papalismus). Auch der Papst kann nicht alles. Der Glaube der Kirche und ihre Morallehre sind ja keine vom Menschen erdachten Verordnungen, sondern Verwirklichungen des göttlichen Willens. Deshalb können sie auch nicht beliebig verändert werden – auch nicht vom Papst. Selbst wenn ein Papst das Frauenpriestertum einführen wollte, so könnte er das gar nicht, weil er dazu nicht die nötige Vollmacht besitzt!

◆Ebenso deutlich, wie die Kirche deshalb das Frauenpriestertum ablehnt, betont sie aber auch die wichtigen und notwendigen Aufgaben der Frau in Familie und Gesellschaft. Das beste Beispiel ist die Stellung Marias: So wie ohne ihre Zustimmung Christus nicht hätte Mensch werden können, ist die Kirche heute wie gestern auf die Frauen angewiesen.

◆ In seinem jüngsten Werk "Salz der Erde" weist

Kardinal Ratzinger noch auf ein weiteres interessantes Argument gegen die Frauenordination hin, das von einer der bedeutendsten katholischen Feministinnen, Elisabeth Schüssler-Fiorenza, vorgetragen wird. Schüssler-Fiorenza kämpfte zunächst heftig für die Frauenordination. Mittlerweile vertritt sie aber einen anderen Standpunkt: *"Die Erfahrung mit den weiblichen Priestern in der anglikanischen Kirche habe zu der Erkenntnis geführt: ordination is not a solution, Ordination ist keine Lösung, das ist nicht das, was wir wollen. Sie erklärt auch, wieso. Sie sagt: ordination is subordination, also Ordination ist Subordination – Einordnung und Unterordnung, und genau das wollen wir nicht. Und da diagnostiziert sie völlig richtig."*[12]

4. Paulus – ein Frauenfeind?

"Der Apostel Paulus ist doch wohl total frauenfeindlich!"

Der heilige Paulus gilt als Frauenfeind Nummer eins. Zusammen mit einigen Kirchenvätern gilt er als der "Urvater" der Diskriminierung und Unterdrückung der Frau in der Kirche. Die in diesem Zusammenhang aufgeführten Zitate zeichnen sich allesamt dadurch aus, daß sie aus dem Kontext gerissen wurden. Bei einer objektiven Betrachtung und angemessenen Deutung dieser Stellen kommt man zu einem ausgewogeneren Bild, das keine diskriminierenden und frauenfeindlichen Züge trägt.

◆ Am häufigsten wird 1 Kor 14, 33b-38 zitiert: Die Frau soll in der Kirche schweigen. Paulus spricht hier von dem Gemeindegottesdienst. Er untersagt lediglich das Predigen (damals wie heute ist dies die Aufgabe, die in dem Weihesakrament wurzelt). Verschwiegen wird auch, daß Paulus sich hier auf ein "Gebot des Herrn" beruft (1 Kor 7, 10f.25).
Es ist Unsinn, aus dieser Stelle zu interpretieren, daß die Frauen nur eine "passive" Rolle in der Gemeinde zu spielen haben. Paulus selbst hatte zahlreiche Mitarbeiterinnen, die im katechetischen und caritativen Bereich wirkten (zum Beispiel Röm 16, 1-6; Apg 18,26).

◆ In 1 Kor 11, 3 bezeichnet Paulus den Mann als "Haupt" der Frau, die sich dem Mann unterordnen soll (Eph 5, 21-33). Diese Unterordnung ist jedoch eine gegenseitige (Eph 5, 21), die eine Liebesbeziehung bedeutet. Mann und Frau sollen sich so zueinander verhalten, wie Christus sich zur Kirche verhält. Im übrigen widerspricht es allen Tatsachen und Erfahrungen, daß es in der Familie so etwas wie eine Ordnung gibt: Der Vater ist mehr das "Haupt", während die Mutter mehr das "Herz" der Familie ist. Dies ist im unterschiedlichen Wesen von Mann und Frau begründet und bedeutet keineswegs eine Diskriminierung oder Unterdrückung.

◆ Auch der Theologe Tertullian (ca. 200), der einmal die "Eva" als das "Tor der Hölle" bezeichnete, wird angeführt. Man übersieht aber gerne, daß er etwas später die Frauen als "Mitdienerinnen", "Schwestern", oder "Töchter der Weisheit" bezeichnet.

◆ Als weiterer Frauenfeind par excellence wird der Kirchenlehrer Hieronymus angeführt. Ob man diese Klassifizierung beibehalten kann, wenn man weiß, daß dieser Theologe ein großer Förderer der weiblichen theologischen Bildung gewesen ist? (Zum Beispiel hielt er "Bibelkurse" für Frauen und lehrte sie Hebräisch.)

◆ Oft wird unterschlagen, daß viele der wirklich frauenfeindlichen Aussprüche nicht von Seiten der katholischen Kirche kommen, sondern bei "modernen" Wissenschaftlern und Autoren zu finden sind. Hier nur einige Beispiele: Arthur Schopenhauer bezeichnete die Frauen als "das in jeder Hinsicht hintanbleibende Geschlecht". Immanuel Kant vertrat noch 1800 die Auffassung, daß die Wissenschaft nichts für Frauen sei. Esther Vilar schrieb: *"Die Männer sind stark, intelligent, phantasievoll, die Frauen schwach, dumm und phantasielos."*

V.
Maria

1. Einleitung

Die Marienverehrung wird als "typisch katholische" Eigenheit eingestuft und meistens eher belächelt denn ernst genommen.
Kritik kommt meistens von protestantischer Seite und greift entweder die Marienverehrung insgesamt ("Die Katholiken beten Maria an!") oder einzelne Punkte ("Jungfrauengeburt") an. Hier gilt es vor allem, deutlich zu machen, daß die Marienverehrung nicht etwas "später" Hinzugekommenes, eine "mittelalterliche Frömmigkeitsform" oder ähnliches ist, sondern daß sie auf einer guten biblischen Basis gründet.

2. Die Marienverehrung

"Die Katholiken beten Maria an!"

In diesem Vorwurf wird behauptet, daß Maria an die Stelle Gottes, dem ja allein Anbetung gebührt, gerückt worden sei. Dies kann man durch einige Fakten richtigstellen.

◆ Wenn man sich die biblischen Texte anschaut, so wird man nicht leugnen können, daß die Gestalt Marias, der Mutter Jesu, eine wichtige Rolle spielt: Ihre bedingungslose Zustimmung zum Willen Gottes hat die Menschwerdung Gottes erst ermöglicht.
Natürlich ist es richtig, daß die verschiedenen biblischen Schriftsteller der Gestalt Marias unterschiedlichen Raum zubilligen: Die Kindheitsgeschichte des Lukasevangeliums ist ganz aus der Perspektive Marias geschrieben worden, während sich bei Paulus nur eine Stelle (Gal 4,4) finden läßt, die allerdings auf die große Bedeutung Marias hinweist.
Wenn man sich also an der Bibel orientiert, so kann man an der Gestalt Marias nicht vorbei.

◆ Der Vorwurf, in der katholischen Kirche würde Maria angebetet, ist einfach falsch. Von Anfang an hat die Kirche in allen Glaubensdokumenten immer wieder betont, daß die Anbetung allein dem Dreifaltigen Gott zukommt. Maria wurde in der Kirche also nie angebetet. Man muß die Anbetung von der Verehrung und der Anrufung um Fürbitte unterscheiden.

Wir dürfen Maria wegen ihrer besonderen Stellung im Heilswerk Gottes verehren, wir dürfen sie auch bitten, bei ihrem Sohn Fürbitte einzulegen, wie sie dies ja schon bei der Hochzeit von Kana getan hat (Joh 2, 1-2). Jesus selbst hat uns ja am Kreuz Maria zur Mutter gegeben (Joh 19, 26f).

◆ Auch der Vorwurf, durch die Marienverehrung würde der Blick auf Christus verstellt, ist falsch. Im Gegenteil: alle Bereiche (Liturgie, Kirchenjahr, Kunst, Volksfrömmigkeit, Wallfahrten) der Marienverehrung verstellen den Blick auf Christus nicht – sie weisen auf ihn hin! Maria hat immer eine Mittlerfunktion. Gerade an den berühmten Marienwallfahrtsorten (wie Lourdes oder Fatima) gibt es nicht so etwas wie eine "eigene" Marienfrömmigkeit, die den "normalen" katholischen Glauben verdrängt hätte. Durch die Marienfrömmigkeit wird ein lebendiger Glaube intensiviert und bereichert.

Das katholische Motto heißt nicht "Maria statt Christus", sondern: "Durch Maria zu Christus!"

◆Die Marienverehrung hat nicht nur eine biblische Grundlage (so besteht das Rosenkranzgebet ja auch aus einer Meditation von bestimmten Bibelstellen), sie zeigt auch symbolisch die Stelle und Berufung der Frau in der Kirche an. Wenn die Kirche frauenfeindlich wäre, würde es doch keine solche Verehrung einer Frau geben.

3. Die Brüder Jesu

"In der Bibel steht doch, daß Jesus Brüder hatte – wie kann Maria dann Jungfrau gewesen sein?"

Dieser Kritikpunkt richtet sich gegen die Jungfräulichkeit Marias. Dabei wird nicht direkt die Jungfrauengeburt geleugnet, sondern es wird behauptet, daß Maria und Josef weitere Kinder hatten – eben die Brüder Jesu, die auf natürliche Weise gezeugt wurden. Indirekt wird so natürlich auch die Jungfrauengeburt angegriffen.
Es gibt verschiedene Bibelstellen, die von den Brüdern Jesu sprechen, zum Beispiel Mt 12, 46; Mk 3, 31; Lk 8, 19; Joh 12, 12; Joh 7, 3; Apg 1, 41; 1 Kor 9, 5.

◆ Man wird der Bibel nicht gerecht, wenn man einzelne Aussagen aus dem Kontext reißt und nicht den Gesamtzusammenhang berücksichtigt.
◆ Im Umgang mit der Bibel muß man vorsichtig sein: Bestimmte Begriffe haben heute eine andere Bedeutung als zur Zeit der Entstehung des Textes.
◆ Im aramäisch-griechischen Sprachgebrauch sind die Begriffe "Bruder" und "Schwester" auch Kurzbezeichnungen für Verwandte und Familienangehörige im weiteren Sinne (zum Beispiel Vettern).

So wird zum Beispiel in Mt 13, 55f Jakobus, Josef, Simon und Judas als Brüder bezeichnet und auch Schwestern erwähnt, ebenso in Mk 6, 3 und in Gal 1, 19, wo Jakobus als Herrenbruder bezeichnet wird.

◆ Auch im Alten Testament haben die Begriffe "Bruder" und "Schwester" diese Bedeutung, vgl. Gen 13, 8 (Abraham und Lot), Gen 14,14 und Gen 24, 48.

◆ Die Begriffe "Brüder Jesu" und "Schwestern Jesu" bezeichnen also nicht leibliche Geschwister, sondern die weitere Verwandtschaft.

4. Geboren aus der Jungfrau Maria . . .

"Die Jungfrauengeburt ist doch ein Ammenmärchen!"

Das Dogma von der Jungfräulichkeit Marias vor, in und nach der Geburt wird heute fast überall abgelehnt und als längst überholtes Märchen betrachtet. Es scheint nur schwer vorstellbar zu sein, daß Gott in seiner Allmacht so direkt und konkret an einem Menschen handelt.
Kritiker argumentieren, daß es doch heute längst wissenschaftlich erwiesen sei, wie ein Kind entstehen kann. Die Jungfrauengeburt würde vollkommen gegen die Naturgesetze verstoßen, deshalb könne es sie nicht gegeben haben.

◆ Zunächst einmal muß man festhalten, daß die Menschen vor 2000 Jahren genausogut wie wir wußten, daß die Babys nicht vom Klapperstorch gebracht werden. Sonst hätte Josef ja wohl nicht daran gedacht, Maria aus der Ehe wieder zu entlassen (Lk 1, 19).
◆ Das eigentliche Argument der Kritiker aber lautet: Die Naturgesetze geben uns nicht nur Auskunft darüber, wie die Dinge ablaufen können, sondern wie sie ablaufen müssen. Selbst der liebe Gott kann doch

nicht aus zwei und zwei fünf machen!
Hierauf gibt der englische Schriftsteller und Philosoph C.S. Lewis eine gute Antwort:
"Stell dir vor, du legst heute einen halben Schilling in eine Schublade, und morgen legst du nochmals einen halben Schilling in dieselbe Schublade. Kannst du aufgrund der Rechenregeln sicher sein, daß du übermorgen den Betrag von einem Schilling in dieser Schublade wiederfindest? – Natürlich, vorausgesetzt, daß niemand sich an deiner Schublade vergriffen hat! – Aha – siehst du, genau das ist der springende Punkt. Die Rechenregeln können dir mit absoluter Sicherheit sagen, was du finden wirst – vorausgesetzt, daß keine Störung von außen dazukommt. Wenn ein Dieb an die Schublade geraten ist, dann wird das Rechenresultat nicht mehr mit den Tatsachen übereinstimmen. Aber der Dieb hat deshalb nicht die Gesetze des Rechnens gebrochen, sondern nur die Gesetze des Rechts." [13]
Die Naturgesetze sagen uns also nur, wie die Geburt eines Kindes abläuft, wenn keine "Störung" von außen dazukommt. Aber warum soll es unmöglich sein, daß Gott in seinem Handeln an einem bestimmten Menschen in den natürlichen Verlauf der Dinge eingreift? Die Naturgesetze sagen eben nur etwas über den Verlauf der Dinge aus, wenn Gott nicht durch ein Wunder eingreift.

VI.
Die Kirche auf Erden

1. Einleitung

In diesem Kapitel geht es um einige allgemeinere Kritikpunkte und Vorwürfe. Die meisten von ihnen sind eher schwammig und bestehen meist aus verschiedenen Etiketten ("altmodisch", "undemokratisch", "unzeitgemäß"), die im heutigen Sprachgebrauch einen eher negativen Beigeschmack haben und sich deshalb in den Augen der Kritiker gut dazu eignen, auf die Kirche übertragen zu werden.
Vielen fällt es schwer, auf einen solchen Vorwurf zu antworten. Das liegt daran, daß er erstens furchtbar allgemein gehalten ist und daß er deshalb auch alles mögliche bedeuten kann. Mit einer kurzen Gegenfrage kann man schon zum Nachdenken anregen, zum Beispiel: "Der Papst ist doch konservativ!" – "Was meinst du denn mit 'konservativ'? Bedeutet dieser Begriff nicht, daß man etwas erhalten will? Dann sind doch auch die Grünen konservativ, weil sie sich für die Erhaltung der Umwelt einsetzen."
Hier wird deutlich, daß der Begriff "konservativ" nicht für sich spricht. Derjenige, der ihn benutzt, muß ihm auch eine gewisse Bedeutung geben. Im Gespräch muß man immer darauf drängen, solche pauschalen Vorurteile zu konkretisieren: "Die Kirche ist altmodisch, weil...." Auf konkrete Vorwürfe kann man dann viel besser eingehen.

2. Das liebe Geld

"Der Vatikan ist reich!"

Der sagenhafte Reichtum der Kirche – eine schier unausrottbare Vorstellung: "Die Kirche besitzt die Hälfte des Grundbesitzes in der Bundesrepublik, die vatikanischen Geheimtresore quellen über, die Bank des Vatikans rafft skrupellos die Milliarden zusammen..." Nichts erscheint unmöglich, und alles wird geglaubt.
Abgesehen von diesen maßlosen Übertreibungen muß man aber die Grundeinstellung der Kirche zu den materiellen Gütern überhaupt kennen:
Von Beginn an hat es die Kirche als eine sichtbare, aus Menschen bestehende Gesellschaft für ihr gutes Recht gehalten, materielle Güter und Vermögen genauso zu erwerben, wie es anderen Menschen, Staaten und Institutionen gestattet ist. So hat die Kirche mit ihrer Gründung auch die Fähigkeit erlangt, Eigentum zu erwerben. Und daß die Kirche für die Erfüllung ihres Auftrages auch materielle Güter benötigt, ist doch wohl jedem einsichtig.

◆ Man muß zunächst festhalten: Die Kirche besteht aus Menschen. Alle Menschen machen Fehler, und auch das Verhältnis von verschiedenen Päpsten, Bischöfen, Prälaten und sonstigen Kirchenmenschen zum Geld war nicht immer das ideale. Schon Judas, der die "Kasse" der Apostel verwalten sollte, versagte jämmerlich. Es geht gar nicht darum, dies zu beschönigen.

◆ Wenn man aber vom Reichtum des Vatikans spricht, so ist dies übertrieben. Abgesehen davon, daß das Kirchenvermögen zum Lebensunterhalt von vielen Menschen, für Bauobjekte und viele andere Funktionen benötigt wird, sind ja viele Objekte, die in dem Besitz der Kirche sind, nur dem Schätzwert nach angelegt, ohne Gewinn zu bringen, wie zum Beispiel Kunstschätze oder Kirchen (die unterhalten und restauriert werden müssen).

◆ Es werden natürlich große Summen an die kirchlichen Hilfswerke (Caritas, Missio, Adveniat) gespendet. Über dieses Geld wird genau Buch geführt, und man kann die Rechenschaftsberichte der Hilfswerke problemlos anfordern (wie übrigens auch die Aufstellungen der Bistumshaushalte). Es gibt wohl keine Institution auf der Erde, die so viele Mittel für Entwicklungsförderung und soziale Gerechtigkeit einsetzt wie die Kirche.

◆ Thema Grundbesitz: Die katholische und evangelische Kirche besitzen zusammen (!) etwa 0,45 Prozent der Gesamtfläche der alten Bundesrepublik (ohne die ehemalige DDR).

◆ Thema Kirchensteuer: Natürlich kann man da geteilter Meinung sein – die Kirche ist in den deutschsprachigen Ländern, in denen es dieses weltweit einzigartige System gibt, sicherlich "reicher" als die Kirche in anderen Ländern.

Viele wissen allerdings nicht (wenn sie die Kirchensteuer als ein riesiges Staatsgeschenk betrachten), daß die Kirchensteuer nur eine Teilentschädigung für ein großes Unrecht ist, das der Kirche zugefügt wurde: Im Jahr 1803 wurden durch den Reichsdeputationshauptschluß die geistlichen Fürstentümer und Fürstbistümer einfach aufgehoben, das Kirchenland wurde enteignet und der Besitz der Kirche eingezogen (damit die weltlichen Fürsten entschädigt werden konnten, die ihre linksrheinischen Besitzungen an Frankreich verloren hatten). Der preußische Staat war damals um etwa 100 Millionen Goldtaler reicher, und die Kirche stand vor dem völligen Ruin. Um wenigstens einen kleinen Ausgleich zu schaffen, verpflichteten sich die weltlichen Landesherrn, einige der für die Seelsorge erforderlichen Mittel von sich aus bereitzustellen. Später hat der preußische Staat sein eigenes Steuerrecht dann auf die Kirche übertragen. Seit der Weimarer Verfassung (1919) ist diese "Rückzahlung" verfassungsmäßig garantiert und wurde auch im Grundgesetz der Bundesrepublik Deutschland verankert. Im übrigen erhielt der Staat 1994 für den Verwaltungsaufwand 6,75 Millionen Mark.

◆ Durch dieses System wird die staatliche Gemeinschaft zudem finanziell entlastet: Die Kirche übernimmt mit Hilfe der Kirchensteuer viele soziale Leistungen (zum Beispiel im Bereich der Caritas). Würde die Kirchensteuer plötzlich wegfallen, müßte der Staat diese sozialen Leistungen selbst übernehmen und wäre damit hoffnungslos überfordert.

◆ Außerdem ist die Kirchensteuer sinnvoll, weil sie der Kirche größere Ausgaben für die Verwaltung erspart, die dann entständen, wenn sie das Geld direkt von den Gläubigen einziehen müßte.

3. Prunk und Pomp?

"Wozu sind goldene Kelche und kostbare Meßgewänder nötig? Man könnte sie verkaufen und das Geld den Armen geben!"

Hin und wieder taucht auch ein solcher Vorwurf auf. Obwohl die Kritiker meistens nicht zu den Leuten gehören, die ihren ganzen Besitz den Armen geben, fühlen sie sich durch liturgische "Prachtentfaltung" gestört. Das mag daran liegen, daß sie den Sinn der Liturgie nicht verstehen.

◆ "Es ist doch viel sinnvoller, die kostbaren Kelche zu verkaufen, um das Geld den Armen zu geben!" Diese Annahme ist älter, als man meinen könnte, Die Apostel hatten sie bereits bei der Salbung Jesu in Bethanien auf den Lippen (Joh 12, 1-8; Mt 26, 6-13; Mk 14, 3-9). Jesus wurde von einer Frau mit sehr kostbarem Öl gesalbt, und die Jünger klagen über die vermeintliche Verschwendung – aber er ließ die kostbare Ehrung zu.
Wertvolle Kelche und Meßgewänder dienen nicht dazu, den Reichtum der Kirche zu zeigen. Sie zeigen uns, worum es in der Liturgie geht: um die Anbetung Gottes. Gott – und nicht der Mensch – steht im Mittelpunkt. Für Christus können die Kelche gar nicht

kostbar genug sein!

◆ Der Verweis auf die Armut ist im Grunde heuchlerisch. Hier wird die Unterstützung der Armen und der liturgische Kult gegeneinander ausgespielt. Erstens tut die Kirche mehr als alle anderen für die Armen. Und zweitens ist es völlig absurd zu behaupten, durch den Besitz und Gebrauch von Kelchen und Paramenten könne man den Armen nicht helfen.

◆ Die meisten dieser Kritiker gehören selbst ja nicht zu den wirklich Armen. Die können diesen Vorwurf nämlich oftmals gar nicht nachvollziehen. Sie haben den Satz *"Der Mensch lebt nicht vom Brot allein!"* sehr wohl verstanden. Und sie sind es meistens, die das wenige, was sie haben, teilen. Und dies ist die wahrhaft christliche Haltung (vgl.: Lk 21, 1-4: das Opfer der Witwe).

4. Demokratie!?

"Die Kirche ist undemokratisch!"

Im Zeitalter der Demokratie scheint die Kirche die letzte "mittelalterliche", absolutistische Institution zu sein. Der Ruf nach demokratischen Strukturen, nach mehr Mitbestimmung der Gläubigen, wird immer lauter. Doch die Rufer haben, so scheint es, das Wesen der Kirche nicht erkannt .

◆ Die Kirche ist undemokratisch? Ja, die Kirche ist undemokratisch! Das ist keine Kritik, kein Vorwurf, sondern eine schlichte Feststellung der Tatsachen.
Die Kirche ist keine Institution oder Organisation, die von Menschen gemacht worden ist. Die Kirche wurde von Christus gegründet. Er ist das Haupt der Kirche. Er hat der Kirche eine Hierarchie, eine Ordnung gegeben.
Man kann demokratisch über viele Dinge abstimmen – aber bestimmt nicht darüber, ob es Gott und seine Offenbarung gibt.
◆Der Glaube, den die Kirche durch die Zeit trägt und den Menschen verkündet, ist nicht "demokratisierbar". Wir können nicht darüber abstimmen, ob Jesus nur ein Mensch war, oder ob er Gott und Mensch zugleich ist. Wir können den Glauben nur als ein Geschenk von Gott annehmen.
Die Kirche ist von ihrem Wesen her undemokratisch, weil sie von Christus, der der Weg, die Wahrheit und

das Leben ist, gegründet wurde. Und über die Wahrheit kann man nicht abstimmen. Man kann sie nur annehmen oder – leider – ablehnen.

5. Fortschritt & Co.

"Die Kirche ist altmodisch, unzeitgemäß und sperrt sich gegen den Fortschritt!"

Vorsicht vor Worthülsen, die alles und nichts aussagen! Was ist das – "fortschrittlich"? Warum ist die Kirche altmodisch? Was soll das eigentlich bedeuten? Ist "unzeitgemäß" etwas Schlechtes oder etwas Gutes? Ist es immer gut, zeitgemäß zu sein?

◆ "Fortschritt" ist ein Begriff, der für uns sehr positiv klingt. Jemand, der nicht für den Fortschritt ist, ist rückständig. Hier muß man sofort fragen: "Fortschritt – woher und wohin?" Nicht alles, was sich als "fortschrittlich" ausgegeben hat, war es auch wirklich. Auch die Nationalsozialisten nahmen für sich in Anspruch, fortschrittlich zu sein.
Der Begriff "Fortschritt" sagt an sich gar nichts aus. Es kommt immer darauf an, worin er besteht. So ist die Kirche wirklich sehr fortschrittlich – wenn man damit meint, daß sie zum Beispiel den Glauben im Laufe der Jahrhunderte immer weiter ausfaltete.
Allerdings ist die Kirche noch nie besonders fortschrittlich gewesen, wenn man mit dem Fortschritt die Anpassung des Glaubens an den Zeitgeist meint.
◆ Die Kirche ist unzeitgemäß? Das stimmt, wenn man damit meint, daß die Kirche den einen Christus

und den einen Glauben allen Menschen aller Zeiten verkündet hat, ohne ihn in seinem Wesen zu verändern.

"Zeitgemäß" waren im 16. Jahrhundert auch die Hexenverfolgungen. Als Katholiken begannen, dagegen anzukämpfen, galten sie als unzeitgemäß.

Die Kirche ist unzeitgemäß? Das stimmt nicht, wenn man damit meint, daß die Kirche neue Fragestellungen und Probleme nicht sieht und keine neue Lösungen für bestimmte Fragen sucht.

◆ Also: Vorsicht bei Worthülsen wie "konservativ", "progressiv", "zeitgemäß" oder "fortschrittlich". Es kommt immer darauf an, wie man sie 'füllt'.

Anmerkungen:

[1] vgl. Ernst W. WIES, Elisabeth von Thüringen - Die Provokation der Heiligkeit (München 1993), S. 194.
[2] Ebd.
[3] vgl. Pinchas E. LAPIDE, Pius XII.und die Juden, in: Herbert SCHAMBECK, Pius XII.: Friede durch Gerechtigkeit (Kevelaer 1986), S. 165. In diesem Beitrag führt Lapide nicht nur zahlreiche Zeugen für das einzigartige Engagement der katholischen Kirche gegen Hitlers Judenverfolgung auf, sondern weist auch darauf hin, daß dieses Engagement vor dem Hintergrund des Versagens der anderen Organisationen gesehen werden muß, die außerhalb von Hitlers Einfluß waren und über viel größere Möglichkeiten verfügten, die Juden zu retten: Das internationale Rote Kreuz und die westlichen Demokratien.
[4] Neben dieser grundsätzlichen Argumentation muß man außerdem darauf hinweisen, daß die Pille kein reines Verhütungsmittel ist, sondern auch abtreibend wirken kann. Die Pille wirkt nämlich durch drei Faktoren: Erstens wird dem Körper durch das Hormon Östrogen eine Scheinschwangerschaft vorgetäuscht, durch die der Eisprung unterdrückt werden soll; zweitens soll der Gebärmutterhalsschleim, der sich in den fruchtbaren Zeiten der Frau verflüssigt und so den Samenfäden das Aufsteigen zu den Eileitern ermöglicht, durch die Pille als Barriere bestehenbleiben (allerdings versagt diese Wirkung recht oft); und

drittens wird - wenn es dennoch zu einer Zeugung kommt - durch künstliche Hormone (Gestagene) verhindert, daß sich das befruchtete Ei (also der Mensch in seiner ersten Erscheinungsform) in der Gebärmutter einnisten kann (Nidationshemmung). Es kommt also zu einer Frühabtreibung, Nähere Informationen zu diesem Thema, auch zu den gesundheitsgefährdenden Nebenwirkungen der Pille, erhält man kostenlos bei der AKTION LEBEN E.V., POSTFACH 61, D-69518 Absteinach/Odw.

[5] vgl.: G.J.M: VAN DEN AARDWEG, Das Drama des gewöhnlichen Homosexuellen, Analyse und Therapie (Stuttgart, 3. Aufl. 1995); Hänssler-Verlag; und: Roland WERNER (Hrsg.), Homosexualität und Seelsorge (Moers 1993), Brendow-Verlag.

[6] vgl.: idea Nr. 103 / 94, vom 12. September 1994, VI.

[7] Die Angaben stammen aus der Broschüre: "Was Sie über AIDS und KONDOME wissen sollten", Hrsg.: Weinheimer Institut für Ehe und Familie, Sexualethik und Erziehung (WIESE), Postfach 61, 69518 Abtsteinach. Hier kann man auch weitere Informationen zu diesem Thema anfordern.

[8] vgl.: Roland RÖSLER, 'Der Menschen Zahl' oder: Das zerstörte Sodom ist euer Land! (Christiana-Verlag, Stein am Rhein 1989). In diesem hervorragend recherchierten Werk wird die Überbevölkerungsthese kritisch unter die Lupe genommen, Hintergründe werden aufgezeigt und Manipulationen verschiedener Interessensgruppen aufgedeckt. Für die gründliche Beschäftigung mit der Überbevölkerungsthese

sehr zu empfehlen!

[9] vgl.: Basilius STREITHOFEN, Der schleichende Bau der geschwisterlichen Kirche - Wie man die katholische Kirche im Schlaf vernichtet, in: Die neue Ordnung 4/91, S. 305. Dieser Artikel erschien auch in dem Buch "Marsch auf Rom", nähere Angaben s.u.

[10] vgl. Joseph Kardinal RATZINGER, Salz der Erde - Christentum und katholische Kirche an der Jahrtausendwende - ein Gespräch mit Peter Seewald (Stuttgart 1996), S. 219f.

[11] vgl. Thomas MARSCHLER, Grüß Gott, Frau Pastorin? - Warum Frauen nicht Priester werden können, in: turibulum Nr. 19/Juli 1994, S. 19ff.

[12] vgl.: RATZINGER, Salz der Erde, a.a.o., S. 224f.

[13] vgl.: C.S: LEWIS, Gott auf der Anklagebank (Basel, Gießen 1994), S. 56f.

Weiterführende Literatur zu den einzelnen Themen:

KATECHISMUS DER KATHOLISCHEN KIRCHE - München; Wien: Oldenburg; Leipzig: Benno; Freiburg, Schweiz: Paulusverl.; Linz: Veritas, 1993. Ein direkter Bezug wurde im Text selbst vermerkt (Abkürzung KKK). Mit diesem Kompendium der authentischen katholischen Glaubens- und Sittenlehre kann man anhand des ausführlichen Sachregisters besonders folgende Themen vertiefen: II. Moraltheologische Fragen, III. Glaubensfragen, IV. Maria.

Michael MÜLLLER (Hrsg.), Plädoyer für die Kirche - Urteile über Vorurteile (Aac hen 1991) - mm-verlag. Hier finden sich verschiedene ausführliche Artikel zu den Themen I. Historische Fragen (Urkirche, Mittelalter, Kreuzzüge, Galileo Galilei, Inquisituion, soziale Frage, Nationalsozialismus); II. Moraltheologische Fragen (christliches Verständnis der Sexualität, Zölibat); III. Glaubensfragen (Unfehlbarkeit) und IV. Frauenfragen (Frauen in der Kirche).

Hermann BLÜML, Ja zur Kirche - Eine Streitschrift wider die modischen Vorwürfe gegen die katholische Kirche (Hrsg.: Bischöfliches Ordinariat Regensburg, Regensburg, 3. Aufl. 1995) - Verlag Schnell & Steiner.

Walter BRANDMÜLLER, Galilei und die Kirche oder: Das Recht auf Irrtum (Regensburg 1982) - Pustet Verlag.

Rudolf Michael SCHMITZ, Warum der Papst unfehlbar

ist!, in: turibulum Sonderheft, S. 6f. In diesem Sonderheft, das beim FE-Medienverlag, Friedrich-Wirth-Str. 4, D-88353 Kisslegg im Allgäu, bestellt werden kann, werden auch andere interessante Themen behandelt (z.B. Okkultismus, Teufel, Freimaurer, Zeugen Jehovas, Heilige Schrift, Turiner Grabtuch usw...).

Christa MEVES, Wahrheit befreit - Argumente für den katholischen Glauben aus psychologischer Sicht (Stein am Rhein 1995), Christiana-Verlag. Die berühmte und anerkannte Psychologin und Psychotherapeutin behandelt u.a. Themen wie "Demokratisierung in der Kirche", "Moral der Beliebigkeit" und "Frauenliebe statt Männerhaß und Geschlechterkampf".

Pinachas E. LAPIDE, Rom und die Juden (Ulm/Donau, 2. Aufl. 1997) - Gerhard Hess Verlag. In diesem lange vergriffenen Standardwerk, das vor kurzem wieder erschienen ist, findet man eine Fülle von detaillierten und sorgfältig belegten Informationen über die Rolle Pius XII. und der Kirche zur Zeit des Dritten Reichs.

Danke!

Mein herzlicher Dank gilt Bernhard Müller und seinem Team für die Begeisterung, Geduld und die Überwindung vieler Hindernisse, die dem Druck dieses Buches entgegenstanden und die es möglich machten, daß jetzt die dritte Auflage erscheinen konnte. Danken möchte ich auch allen, die mich immer wieder ermutigt und unterstützt haben: Dem Erzbischof von Köln, Joachim Kardinal Meisner, der dieser Auflage sein Geleitwort gab, sowie Pfarrer Dr. Johannes Holdt, Schömberg; Kaplan Thomas Marschler, M.A., Siegburg; Harry und Nicole Luck, München, und Oliver Ziemek, Köln, für die Durchsicht des Manuskripts.

Empfehlenswerte Zeitschriften

Probehefte gratis erhältlich bei fe-medienverlag,
Friedr.-Wirth-Str. 4, D-88353 Kisslegg, Telefon: 07563/92006

turibulum

turibulum ist das zweimonatliche Ministrantenmagazin, das den "Minis" hilft, Glaube und Kirche besser zu verstehen und den Dienst am Altar gerne und bewußt tun zu können. Zudem spannende Geschichten, Rätsel und Tips.

***turibulum* - zweimonatlich - Jahresabo incl. Porto nur 18,- DM, bei Mehrfachbezug Rabatte!**

PUR magazin

PUR magazin - katholisch orientierte Monatsmagazin, mit mutigen Kommentaren, spannenden Reportagen und wichtigen Interviews.
PUR magazin - die unabhängige, wertkonservative und modern gemachte Zeitschrift.
PUR magazin - Monatszeitschrift für Politik und Religion Jahresabo incl. Porto 59,- DM

FATIMA RUFT

FATIMA RUFT, die Gratiszeitschrift, berichtet über die Bedeutung der Marienerscheinungen in Fatima, über Glaube, Kirche und Heilige. Jeweils mit einem Apostolats-Geschenk-Angebot.

FATIMA RUFT - kostenlose Zweimonatszeitschrift mit Berichten über Fatima, Maria und Glaube